AF282238

MARKETING GUIDE NO1
im Musikbusiness
(German Edition)
Erfolgreiches Livemanagement für Musiker & Bands

Linn Gutzeit

MARKETING GUIDE NO1

im Musikbusiness

(German Edition)

Erfolgreiches Livemanagement
für Musiker & Bands
Der steile Weg ins Rampenlicht

Linn Gutzeit

Bibliografische Information der Deutschen
Nationalbibliothek: Die Deutsche Nationalbibliothek
verzeichnet diese Publikation in der Deutschen
Nationalbibliografie; detaillierte bibliografische Daten sind
im Internet über dnb.dnb.de abrufbar.

1. Neuauflage

© 2023 Linn Gutzeit
Herstellung und Verlag:
BoD – Books on Demand, Norderstedt

ISBN: 9783757822040

Inhalt

Einleitung

Du bist Musiker aus Leidenschaft? Du hast schon dein eigenes Soloprojekt im Kopf oder bereits in der Schublade? Oder magst du es lieber gemeinsam mit anderen Musik zu machen - ob als Duo oder in einer Band? Es gibt unzählige Möglichkeiten... Doch eines haben alle Projekte gemeinsam: es benötigt ein erfolgreiches Livemanagement, um letztendlich dein Projekt der Öffentlichkeit zu präsentieren. Und das mit Erfolg!
Ich haben bereits mit eigenen verschiedenen Showkonzepten und Bands ca. 3000 Konzerte im In- und Ausland gespielt und diverse andere Events bereichern dürfen. Auch durfte ich mit meinem Partner Henry Gutzeit mit unserer Eventagentur viele Musiker bei der Entwicklung und Durchführung ihrer Musikprojekte unterstützen. Natürlich gab es einige Rückschläge und es war gerade am Anfang nicht immer leicht. Wir haben viel Zeit, Geld und Mühen verschwendet, einfach durch Unwissenheit. In diesem Ratgeber erfährst du, was vertane Liebesmüh ist und welche Strategien dich wirklich mit deinem Projekt erfolgreich auf die Bühne bringen. Es ist kein Hexenwerk einen vollen Tourplan zu bekommen, es benötigt lediglich etwas Know-How und dein Engagement.
Dieses Buch ist entstanden aus vielen eigenen Erfahrungen, aus dem Wissen, welches ich mir durch Bücher und Gespräche mit Experten angeeignet habe und letzten Endes auch mit Hilfe meiner lieben KI-Freundin Edda, die mit mir gemeinsam wochenlang das Internet durchsucht hat und die relevantesten Informationen für dich ergänzt hat.

Motivation

Ich trete auf die Bühne und spüre das Adrenalin durch meinen Körper strömen. Die Lichter blenden mich für einen Moment und ich höre das laute Jubeln des Publikums. Ich schließe meine Augen und atme tief ein.

Ich spüre das Adrenalin durch meine Adern pulsieren, meine Hände zittern leicht und mein Herz schlägt schneller als je zuvor. Doch sobald ich anfange zu singen, verschwindet all die Aufregung und ich fühle mich frei wie ein Vogel im Flug. Die Musik umhüllt mich wie eine warme Decke und ich kann förmlich spüren, wie sie durch meinen Körper fließt. Ich schließe meine Augen und lasse mich von der Melodie tragen. Die Menge vor mir jubelt und klatscht im Takt meiner Stimme und es ist, als ob wir alle eins wären in diesem Moment. Ich spüre die Energie des Publikums und gebe ihnen alles, was ich habe. Ich singe mit jeder Faser meines Körpers und vergesse dabei alles um mich herum. Es ist nur noch die Musik, das Publikum und ich. Und wenn der letzte Ton verklungen ist und das Licht ausgeht, bleibt nur noch ein Gefühl zurück: Glückseligkeit. Ich bin so dankbar für diese Momente auf der Bühne, denn sie erfüllen mich mit einer Freude, die nicht in Worte zu fassen ist. Ich weiß, dass ich genau hierhin gehöre - auf diese Bühne, vor dieses Publikum - und nichts wird jemals dieses Gefühl übertreffen können.

Ich beginne zu singen und sofort fühle ich mich lebendig. Ich sehe die Menge tanzen und mitsingen und es ist einfach unglaublich. Ich kann nicht anders als zu lächeln, als ich bemerke, wie sehr sie die Musik lieben. Es gibt keinen besseren Ort auf der Welt als hier auf der Bühne zu stehen und mein Herz mit jedem Lied auszuschütten. Ich fühle mich frei und unbesiegbar - nichts kann mich stoppen! Die Energie des Publikums füllt jeden Zentimeter meines Seins aus und lässt mich glücklicher sein als je zuvor. Dieses Gefühl von Glückseligkeit ist unbeschreiblich. Ich bin dankbar dafür, dass ich diese Leidenschaft habe und sie teilen darf. Es gibt nichts Schöneres als dieses Gefühl, auf der Bühne zu stehen und alles um sich herum vergessen zu können. Dieser Moment wird für immer in meinem Herzen verankert sein - das Gefühl von Freiheit, Leidenschaft und Liebe zur Musik wird niemals verblassen. Jedes Mal, wenn ich auf der Bühne stehe, spüre ich, dass ich in meinem wahren Zuhause angekommen bin - dort, wo meine Seele wirklich hingehört!

Wenn auch du diese Leidenschaft in dir trägst, dann ist dieses Buch genau das Richtige für dich. Es ist eine Zusammenstellung meines Wissens, meiner Erfahrungen und meiner persönlichen Reise im Musikbusiness. In diesem Ratgeber teile ich bewährte Strategien, Tipps und praktische Ratschläge, die dir dabei helfen werden, deine eigene musikalische Karriere aufzubauen und erfolgreich zu sein.

Egal, ob du ein aufstrebender Künstler, ein Musiker, ein Manager oder einfach nur ein Musikliebhaber bist, dieses Buch bietet dir wertvolle Einblicke und Inspiration. Ich lade dich ein, mit mir zusammenzukommen und diese aufregende Reise zu beginnen. Lass uns gemeinsam die Bühne betreten und die Magie der Musik entfesseln.

Kapitel 1: Mindset und Strategieentwicklung

1.1   Das richtige Mindset zum Erfolg

1.1.1 Glaube versetzt Berge

Bevor wir uns mit den Einflüssen auf deinen Erfolg beschäftigen, müssen wir deine Glaubenssätze unter die Lupe nehmen. Als ich mich vor 25 Jahren zum ersten Mal mit diesem Thema beschäftigte, war ich mir nicht sicher, ob ich überhaupt solche Überzeugungen in mir trage. Aber was glaubst Du, warum du nicht das schaffst, was du für unmöglich hältst? Genau! Weil du nicht an dich glaubst! Lasst uns also anfangen, um den Weg zu deinem Erfolg neu zu gestalten!

Glaubenssätze sind wie kleine Samen, die in unserem Unterbewusstsein gepflanzt wurden. Ein gutes Beispiel dafür ist der Placebo-Effekt - wenn wir glauben, dass eine Tablette uns heilen wird, dann tut sie das auch. In unserer Kindheit haben uns unsere Eltern, Großeltern und Bekannten viele Vorannahmen mit auf den Weg gegeben. Oftmals haben sie uns davon abgehalten, unsere Träume zu verfolgen, indem sie uns sagten: "Das kannst du nicht", "Das Geld haben wir nicht", "Das ist nicht dein Ding" oder "Das können wir uns nicht leisten". Diese Aussagen haben wir irgendwann so verinnerlicht, dass wir wirklich glauben, dass sie wahr sind. Aber was ist, wenn wir uns irren? Was ist, wenn wir uns selbst im Weg stehen.

Glaubst du, dass du mit deiner Musik kein Geld verdienen kannst? Dass Musikmachen eine brotlose Kunst ist? Glaubst du, dass du ein bestimmtes Stück nicht spielen kannst, weil dir das Talent fehlt? Oder dass alle anderen besser sind als du? Wenn du das glaubst, dann hast du Recht damit, denn dein Gehirn filtert alle Eindrücke nach deinen Glaubenssätzen, um sie zu bestätigen. Aber was wäre, wenn du deine Glaubenssätze ändern könntest?
Natürlich kannst du das! Schreib deine Glaubenssätze auf und überprüfe sie. Nimm dir ein Stück, eine bestimmte Stelle, eine Rhythmik oder einen Riff, von dem du glaubst, dass du ihn nicht spielen kannst. Und dann versuche es doch einfach mal! Vielleicht wirst du überrascht sein, wie gut du bist. Denn wenn du an dich glaubst, dann kannst du alles erreichen, was du willst. Also lass uns unsere Glaubenssätze überdenken und die Welt mit einem neuen Blickwinkel betrachten!

Kleiner Versuch: Stell dir vor, du hast einen Riff, den du für unspielbar hältst. Du denkst, du bist kein guter Musiker und wirst ihn nie beherrschen können. Aber halt! Glaubst du wirklich, dass es auf der ganzen Welt niemanden gibt, der diesen Riff spielen kann? Natürlich gibt es den! Und ja, er mag besser sein als du. Aber das bedeutet nicht, dass du es nicht auch schaffen kannst. Wenn er es kann, kannst du es auch schaffen. Du musst nur dranbleiben und üben. Fang einfach mit der ersten Note an und arbeite dich durch den Riff. Wenn du die erste Note spielen kannst, kannst du auch die zweite, die dritte und die vierte spielen. Lass dich nicht von negativen Gedanken entmutigen. Du hast das Zeug dazu!

Es kann einige Zeit dauern, bis du das Riff beherrschen kannst, aber du wirst es schaffen - ganz sicher! Dein Unterbewusstsein wird sich dann einen neuen Glaubenssatz merken, der besagt, dass du alles spielen kannst und sogar Geld mit deiner Musik verdienen kannst. Achte besonders auf Glaubenssätze, die mit "Ich kann nicht..." beginnen.

Hierzu fällt mir eine Geschichte ein: Es war ein sonniger Tag, als ein Saxophonschüler zum ersten Mal den Unterricht bei seinem neuen Lehrer betrat. Neugierig und aufgeregt nahm er Platz, als der Lehrer ihm Noten auf den Notenständer legte und ihn bat, es zu spielen. Der Schüler betrachtete die Noten und konnte den intensiven Schwierigkeitsgrad sofort erkennen. Mit einem unsicheren Blick wandte er sich an den Lehrer und gestand, dass er das Stück für zu anspruchsvoll hielt und es nicht meistern konnte.

Doch der Lehrer schenkte dem Zweifel keine Beachtung und bestand darauf, dass der Schüler es zumindest versuchte. Mit zitternden Händen begann der Schüler zu spielen. Es war eine Kakophonie aus schrillen Tönen und verpatzten Noten, die die Luft erfüllte. Jeder Fehler fühlte sich wie ein Stich in sein aufstrebendes Musikerherz an. Die Entmutigung breitete sich aus. Eine Woche verging, und der Schüler kehrte zum nächsten Unterricht zurück. Zu seiner Überraschung hatte der Lehrer noch ein schwierigeres Stück vorbereitet. Verwirrt und frustriert wagte der Schüler es erneut, sich den Herausforderungen zu stellen. Die Wochen vergingen, und der Kampf schien endlos zu sein. Jeder erneute Besuch beim Lehrer wurde von einer Mischung aus

Erschöpfung und Frustration begleitet. Doch er gab nicht auf. Nach acht langen Wochen erreichte der Schüler endgültig seinen Höhepunkt der Frustration. Er konnte sich nicht mehr zurückhalten und fragte den Lehrer resignierend: "Was ist der Sinn all dieser Tortur? Ich kann es einfach nicht! Was soll das Ganze?" Der Lehrer, der bisher stets schweigend beobachtet hatte, blickte den Schüler ruhig an und erwiderte mit ruhiger Stimme: "Spiele mir jetzt bitte das Stück, das ich dir zu Beginn vorgelegt habe." Der Schüler, noch immer von Wut und Verzweiflung erfüllt, griff widerwillig nach seinem Instrument und begann zu spielen. Doch diesmal war etwas anders. Jeder Ton, den der Schüler erzeugte, trug eine magische Anmut in sich. Verblüfft und voller Erstaunen hörte der Schüler sich selbst zu, wie die Töne miteinander verschmolzen und etwas Einzigartiges schufen. Endlich erkannte der Schüler die tiefere Bedeutung hinter den Herausforderungen. Der Lehrer hatte nicht nur nach Perfektion gestrebt, sondern wollte den Schüler lehren, dass wahre Schönheit im Durchhalten, in der Überwindung von Schwierigkeiten und in der Hingabe zur Kunst liegt. In diesem Augenblick wurde dem Schüler bewusst, dass sein Lehrer nicht nur ein strenger Mentor war, sondern auch ein weiser Wegweiser auf seiner musikalischen Reise.

Erfolgreiche Personen haben eine Strategie, die sie anspornt, bestimmte Ziele zu erreichen. Und gerade jetzt, wo ich dieses Buch für dich schreibe, beweist es, dass ich eine Motivationsquelle habe. Zwei der wesentlichen Methoden der Anspornung, die ich dir nicht vorenthalten möchte, sind die „Weg von…"- und die „Hin zu…"- Strategie. Um herauszufinden, welche deine liebste ist, musst du dir eine Frage stellen: Was motiviert dich mehr: etwas zu verändern und daran zu arbeiten, bis du dein Ziel erreichst, oder etwas zu vermeiden? Stell dir vor, du sitzt in 10 Jahren müde und erschöpft auf einem Stuhl, in einer heruntergekommenen Wohnung. Mit einer alten, verstimmten Gitarre auf dem Schoß und ohne Geld, lebend von Sozialhilfe, wirkst du ungepflegt und hast seit Wochen niemanden mehr gesehen. Wenn dich dieses Bild darin bestärkt, alles dafür zu tun, damit so etwas nicht eintritt, bist du ein Anwender der „Weg von"-Strategie. Wenn dein Kühlschrank jedoch das Bild eines erfolgreichen Menschen zeigt, der von Freunden umgeben ist, der in sein Traumauto steigt, um eine CD zu produzieren und sein Ziel ist es, wieder 10 Millionen Exemplare zu verkaufen, dann verwendest du die „Hin zu"-Strategie.

Wenn du von den inneren Bildern inspiriert wirst, um dich morgens aufzuraffen, Dinge zu erledigen, die nicht sehr vergnüglich, aber zu deinem Musiker-Business gehören, hast du ein "Hin zu"-Motivationssystem. Es ist nicht zwingend, dass du ein "Weg von" oder "Hin zu"-Typ bist - es kommt auf das jeweilige Projekt an. Wenn dir kein Antrieb zur Verfügung steht, etwas zu tun, was auf deiner 'Tu-es'-Liste steht, wie z.B. ein Anruf beim Veranstalter, dann beobachte deine Gedanken und versuche, das bestehende Verhaltensmuster zu erkennen und zu ändern. Deine inneren Stimmen werden dir stetig logische Argumente liefern, warum du diesen Anruf nicht machen solltest. Aber mit dem richtigen Anker und der richtigen Motivation, kannst du über all das hinwegsehen.

Du kannst der kleinen Stimme in deinem Ohr danken, dass sie dich an Deine E-Mails und Nachrichten erinnert, aber jetzt bist du bereit, den Veranstalter anzurufen. Ball deine Faust, wenn du es als Anker gewählt hast, und lass deine glorreiche Zukunft vor dir ablaufen. Mit etwas Übung kannst du dein Gehirn benutzen und die Gedanken in deinem Kopf anhören, dann den Kopf schütteln und lachen. Ja, Denken ist auditiv! Wenn du das Gerede in deinem Kopf ausschalten willst, kannst du dir ein Mischpult vorstellen und den Masterregler herunterfahren oder die "Mute-Taste" drücken, und schon ist es still.

Inspiration und Motivation durch andere musikalische Mitstreiter

Das Braintrust Prinzip in der Musikbranche. Das Prinzip, auch bekannt als "Kreativ-Board", ist eine Methode zur Ideenfindung und Problemlösung. Es wurde ursprünglich von Pixar entwickelt und hat sich seitdem in vielen Branchen bewährt. Auch die Musikbranche könnte vom Einsatz des Braintrust Prinzips profitieren. Ein Kreativ-Board aus verschiedenen Experten wie Songwritern, Produzenten, A&R-Managern und anderen Fachleuten könnte dazu beitragen, neue Ideen zu generieren oder bestehende Projekte zu verbessern. Durch den Austausch von Erfahrungen und Perspektiven könnten innovative Ansätze gefunden werden. Auch das Feedback der Gruppe kann dabei helfen, Schwächen im Konzept aufzudecken oder Verbesserungen vorzuschlagen. Ein weiterer Vorteil des Braintrusts ist es, dass er ein gemeinsames Ziel schafft: Die bestmögliche

Umsetzung eines musikalischen Werkes. Dies fördert die Zusammenarbeit zwischen den Beteiligten sowie deren Motivation für das Projekt. Insgesamt bietet das Braintrust Prinzip also viele Möglichkeiten für die Musikindustrie - sei es bei der Entwicklung neuer Songs oder Alben bis hin zur Planung einer Tournee oder Marketingkampagne. Ein Braintrust kann dabei helfen, Ideen zu entwickeln und umzusetzen. So könnt ihr gemeinsam an euren musikalischen Projekten arbeiten und euch gegenseitig unterstützen. Zusammenfassend lässt sich sagen, dass das Braintrust Prinzip eine effektive Methode ist, um die Qualität von Musikprojekten zu steigern. Es fördert die Zusammenarbeit zwischen den Beteiligten und sorgt dafür, dass alle an einem Strang ziehen. Wenn du also in der Musikindustrie tätig bist oder einfach nur mit Freunden musizierst - probiere es aus! Das Ergebnis wird dich überzeugen.

Eine Weiterentwicklung des Braintrust ist eine tolle Idee: das Power-Braintrust-Prinzip. Im Kleinen kannst du das Braintrust Prinzip anwenden, wenn du einen Menschen findest mit ähnlichen Visionen. Es ist ein Modell für ein Treffen zwischen nur zwei Personen, das sich perfekt eignet, um dein Musiker-Business auf die nächste Stufe zu bringen. Dabei musst du nicht unbedingt jemanden aus der gleichen Branche oder Musikrichtung finden - im Gegenteil, es kann sehr bereichernd sein, jemanden aus einer anderen Branche oder mit einer anderen Perspektive dabei zu haben. Vielleicht kennst du jemanden, der eine Veranstaltungsagentur oder eine Tanzschule besitzt?

Bei diesen regelmäßigen Treffen, die etwa einmal pro Woche stattfinden sollten, geht es nicht um Smalltalk, sondern um eine genaue Struktur, die euch dabei hilft, eure Ideen und Talente effizient zu nutzen. Alex Rusch nennt dieses Prinzip im Untertitel 1 + 1 = 11, weil eure Zusammenarbeit so produktiv sein wird, dass ihr Ergebnisse erzielt, als wärt ihr elf Personen. Probiere es am besten selbst aus und finde jemanden, mit dem du gut zusammenarbeiten kannst, um euer Power-Braintrust-Treffen zu starten.

Nicht nur Brainstorming und Strategieentwicklung sollten diese Treffen beinhalten, auch positive Fortschritte sollten gefeiert werden. Dein Mitstreiter freut sich mit dir und wird zugleich angespornt, andersherum natürlich ebenso.

„Teile mir deine glanzvollen Triumphe und Erfolge mit! Ob es nun um private Erlebnisse geht, wie das Kennenlernen einer neuen Person oder sportliche Erfolge in der vergangenen Woche, oder um geschäftliche Erfolge, wie steigende Umsatzzahlen - ich möchte alles hören! Und das Beste daran ist, dass ich mich mit dir freue! Lass uns gemeinsam in eine positive Stimmung eintauchen und das Leben feiern! Also, worauf wartest du noch? Teile deine Highlights mit mir!"

Rückmeldungen & Komplimente sind zur persönlichen und musikalischen Weiterentwicklung unerlässlich:

„Wie wäre es, wenn wir uns gegenseitig mit ehrlichen Komplimenten überschütten? Ich meine, schau dich an! Deine Ausstrahlung ist der Hammer und deine Augen strahlen, wenn du über deine Projekte sprichst. Und mal ehrlich, dein Style ist einfach nur top! Wenn wir uns gegenseitig so pushen, können wir herausfinden, was bei uns besonders gut läuft und wie wir das für unser Business nutzen können. Also - lass uns Komplimente machen und uns gegenseitig zum Erfolg treiben!"

„Ich möchte dir konstruktives Feedback geben, um dich zu ermutigen und zu stärken. Es fällt mir auf, dass du oft zu spät kommst, was in deinem professionellen Umfeld nicht angemessen wirkt. Auch deine Wortwahl scheint nicht immer zur Zielgruppe deines Business zu passen."

Es ist wichtig, dass konkrete Dinge angesprochen werden, die du und dein Partner umsetzen kannst, um noch erfolgreicher zu sein.

Wähle ein zentrales Thema aus und setze Etappenziele, um deinen Musikbusinessplan, deine Webseite oder auch dein Demomaterial erfolgreich zu gestalten. Wenn du Unterstützung benötigst, frage nach konkreten Lösungen und Ideen. Vielleicht kennst du jemanden, der dir weiterhelfen kann? Ein Brainstorming kann dabei helfen, deine Zielgruppe besser zu verstehen und neue Ideen zu generieren. Gemeinsam mit deinem Partner kannst du auf einem Blatt Papier alle Gedanken und Ideen sammeln, die dir bisher noch nicht in den Sinn gekommen sind. Diese kreative Herangehensweise bringt oft überraschende Ergebnisse und bereitet Freude. Auch der

Erfahrungsaustausch von etwaigen Erfolgsstrategien ist von unschätzbarem Wert.

Überprüfe deine existierenden Ziele und setze neue. Nutze euer Treffen, um eure kurzfristigen Ziele zu überprüfen, zu berichtigen und euch gegenseitig zu motivieren. Es ist hilfreich, den Kalender zur Hand zu nehmen und Termine zu vereinbaren, eure 90-minütige Braintrust-Sitzung zu absolvieren und gemeinsam essen zu gehen. Damit wird es euch leichter fallen, eure Verpflichtungen gegenüber eurem Braintrust-Partner einzuhalten und in die Tat umzusetzen. Euer Partner wird euch ermutigen und daran glauben, dass ihr es schafft. Außerdem bekommt ihr neue Impulse von Außenstehenden. Sucht euch dazu jemanden, dem ihr vertraut und der auch aus der Ferne zugänglich ist.

Du denkst du hast nicht genug Talent?

Alles, was du dir vorstellst, kannst du schaffen, wenn du hart arbeitest und dich voll und ganz engagierst. Lass dich nicht von anderen abschrecken oder entmutigen, sondern bleib fokussiert auf dein Ziel. Wenn du bereit bist, alles zu geben und diszipliniert zu trainieren, wirst du Erfolg haben - egal in welchem Bereich des Lebens.

Wusstest du schon? Musikalisches Talent – machen nur 3-5% des Erfolges aus! Du hast Talent? Hey, das ist nur der Anfang. Denn Talent allein reicht nicht aus, um wirklich erfolgreich zu sein. Nur ein kleiner Prozentsatz von Menschen besitzt dieses besondere Geschenk. Der Rest muss hart arbeiten,

um es zu erreichen. Wer jung ist und auf der Bühne steht, wird oft als talentiert bezeichnet. Nach einem Jahr kann es sein, dass man immer noch überzeugt. Aber spätestens im dritten Jahr werden alle sehen, ob man wirklich etwas aus dem Talent gemacht hat. Denn es gibt viele Menschen mit musikalischem Talent da draußen. Sieh es als Verpflichtung an, aus deinem Talent etwas Großes zu machen!
Dies ist ein wichtiger Punkt, der oft übersehen wird. Talent allein reicht nicht aus, um erfolgreich zu sein. Es braucht Disziplin und Engagement, um das volle Potenzial auszuschöpfen. Das gilt auch für die Musikbranche.

Wenn du wirklich erfolgreich sein willst, musst du hart arbeiten und dich voll engagieren. Du musst bereit sein, Opfer zu bringen und Dinge zu tun, die andere vielleicht nicht tun wollen oder können.

1.2 Deine Strategie für Erfolg im Musikbusiness

Deine Passion ist die Musik und du möchtest damit erfolgreich werden, dann braucht es eine gute Strategie.

Lass mich dir die Disney Strategie näherbringen - sie ist nicht nur simpel, sondern auch unglaublich effektiv. Walt Disney selbst hat sie entwickelt, als man ihn fragte, wie er sein Unternehmen so erfolgreich aufbauen konnte. Seine Antwort bestand aus drei Schritten, die ich dir gerne vorstellen möchte:

1. Phase: Der Visionär
2. Phase: Der Umsetzer
3. Phase: Der Durchhalter

Der Visionär

Sei ein Träumer! Erträume dir, wie dein Musiker-Business aussehen soll und lass dich von niemandem davon abhalten. Stell dir vor, wie du in deinem eigenen Proberaum jammst, mit den besten Musikern zusammenarbeitest, große Konzerte mit Bravour meisterst und deine Fans begeisterst. Denke daran, dass es um dich geht und nicht um andere. Es ist dein Traum und du solltest ihn so gestalten, dass er sich für dich perfekt anfühlt. Wenn du also ein kleines Studio in deinem Traum brauchst, dann baue es ein! Denke an die Verstärker, Gitarren und Mikrofone, die du verwenden möchtest und wer dich beim Aufnehmen unterstützt. Beim Träumen gibt es keine Grenzen und alles ist möglich. Schließe deine Augen und denke zurück an deine Kindheit, als du davon geträumt hast, ein Rockstar zu sein. Es war ein gutes Gefühl, oder? Genau darum geht es beim Träumen. Stell dir vor, wie dein Tag als erfolgreicher Musiker aussieht. Wer ist bei dir, was machst du und wie fühlst du dich dabei? Lass dich von deinen Gefühlen leiten und genieße jeden Moment. Sei erst ein Träumer und mache dann deinen Traum zu deiner Realität!

Sobald du fertig geträumt hast, folgt auch schon der 2. Schritt! Das bedeutet jedoch nicht, dass dein Traum ab jetzt für immer in Stein gemeißelt ist und du nie wieder etwas daran ändern kannst. Die Bestätigung für einen - vorerst zu Ende geträumten - Traum ist jedoch, dass die Gefühle und Bilder zu deinem Ziel dich magnetisch anziehen. Es ist meist so, dass dieses Träumen nicht gleich und innerhalb von einer Stunde erledigt ist. Darum empfehle ich dir: Mach es täglich, bis sich dieser beschriebene Magnetismus - diese Anziehungskraft - zu deinem Traum von Tag zu Tag verstärkt. Du wirst bemerken, dass der Traum des ersten Tages sich vom Traum des zwölften Tages noch in so manchem Detail erheblich unterscheiden wird! Doch vom vierzehnten auf den achtzehnten Tag werden die Unterschiede immer kleiner und dann näherst du dich langsam der Zielgeraden. Und dennoch, bleibt dieses Fotofinish ein Vorläufiges. Später reichen bereits zehn Minuten am Tag aus, um diese Anziehungskraft aufrechtzuerhalten. Ich rate dir, diese zehn Minuten „Traumreise" auf deine tägliche To-Do Liste zu setzen.

Der Umsetzer

Es ist jetzt an der Zeit, deine Träume in Taten umzusetzen und deinem Ziel einen Schritt näherzukommen. Nutze die Initiative, denke nach und wähle drei bis fünf Dinge aus, die wichtig sind, damit du deine Ziele erreichen kannst. Dieses Buch gibt dir nicht nur die passende Strategie, sondern beinhaltet im Verlauf viele wertvolle praktische Tipps, die sich bewährt haben. Steh also auf und fang an! Tu etwas, das dich deinem Ziel näherbringt. Es fühlt sich gut an etwas für deine eigenen Ziele zu tun. Vermeide es dabei, blinden Aktionismus zu betreiben. Leg das Buch also jederzeit beiseite, wenn du dich bereit dazu fühlst und tu etwas, was dich der Erreichung deiner Ziele näherbringt. Du möchtest auf der Bühne stehen und erfolgreich mit deiner Musik sein, dann braucht es ein gutes Musikmanagement. Welche Schritte du unternehmen solltest, um dein Ziel zu erreichen: Vielleicht brauchst du mehr Übung oder eine bessere Promotion-Strategie. Setze dir realistische Teilziele und arbeite hart daran, sie zu erreichen. Lass dich nicht von Rückschlägen entmutigen - jeder erfolgreiche Mensch hat Fehler gemacht, daraus gelernt und sich weiterentwickelt.

Denke auch daran, dass Erfolg Zeit braucht. Gib nicht auf, wenn es länger dauert, als erwartet oder wenn es schwierig wird. Bleibe fokussiert und konzentriere dich auf das Endziel. Und vor allem: Hab Spaß an dem Prozess! Es ist wichtig, dass du Freude hast an dem, was du tust und dass deine Ziele mit deinen Werten übereinstimmen. Also los geht's! Nutze die Initiative und setze deine Träume in Taten um - denn nur so wirst du erfolgreich sein können!

Der Durchhalter

Was wird passieren, wenn ich mein Musiker-Business erfolgreich aufbaue? Werden andere mich beneiden? Werde ich echte Freunde verlieren? Werde ich genug Zeit für eine Partnerschaft haben? Werden Menschen nur meinen Erfolg teilen wollen? Ich verdiene viel Geld... Diese Gedanken könnten Glaubenssätze sein, die uns daran hindern, unseren Traum zu verwirklichen. Doch mit der Träumer-Methodik können wir sie hinterfragen und Veränderungen herbeiführen. Zum Beispiel: Was denken andere wirklich über mich?

Ich kenne das bereits von vielen Musikern, die am Anfang ihrer Karriere stehen und das erste Mal auf die Bühne gehen. Ich sage ihnen Folgendes: Du stehst auf der Bühne und vor dir befindet sich dein Publikum. Davon wird ein Drittel dir sagen, dass das, was du da machst Blödsinn ist! Oder sie sagen: „Du hast kein Talent! Lass es sein!" Auf die Bühne zu gehen, halten Sie für keine gute Idee. Ein anderes Drittel sagt vielleicht: „Mir ist vollkommen egal, was du da machst! Es interessiert mich nicht!" Das letzte Drittel sagt dann noch: „Klasse, super, absolute Spitzenklasse!" oder „Ich finde großartig, dass du es und was du da machst!" oder „Wann wirst du das nächste Mal auf die Bühne gehen?" oder „Wie kann ich dich unterstützen?", „Kann ich irgendetwas für dich tun?" Diese Menschen möchten in deiner Nähe sein... Nun, mit welchem Drittel glaubst du, wirst du dein Musiker-Business aufbauen? Na? Komm jetzt nur nicht auf den Gedanken die beiden anderen Drittel von dir und deiner Leistung überzeugen zu wollen! Erstens kostet es viel zu viel Energie und zweitens würdest du dadurch jene Menschen, die dich bereits großartig finden aus dem Fokus verlieren. Ich habe großartige Neuigkeiten für Dich: Mit jedem weiteren Auftritt gewinnst du mehr Fans und Unterstützer. Bleibe stets deinem Weg treu! Als Unternehmer hast du die Vision, etwas Einzigartiges zu erschaffen. Es ist normal, dass es Menschen gibt, die deine Idee nicht verstehen oder ablehnen. Aber es lohnt sich dranzubleiben und stets bereit zu sein, dein Projekt zu optimieren, wenn nötig.

Es gibt viele Musiker, die lange Zeit gebraucht haben, um ihre Karriere in Gang zu bringen und größere Auftritte zu bekommen. Ein Beispiel dafür ist Ed Sheeran, der jahrelang in kleinen Clubs und Bars aufgetreten ist, bevor er seinen Durchbruch hatte. Auch die Beatles haben in Hamburg jahrelang in Clubs gespielt, bevor sie berühmt wurden. Andere Bands und Musiker wie Bruce Springsteen, Bob Dylan, Nirvana, und Lady Gaga haben ebenfalls viele Jahre damit verbracht, in kleinen Clubs und Bars aufzutreten, bevor sie entdeckt wurden. Es gibt viele Faktoren, die zum Erfolg beitragen, aber Ausdauer und Durchhaltevermögen sind oft entscheidend.

Anhand dieser Beispiele siehst du, dass du wahrlich erfolgreich sein kannst, wenn du an deine Vision und dich selbst glaubst. Mag es auch ein wenig Zeit beanspruchen, sofern du dein Ziel groß genug machst, wird die Zeit zur bloßen Nebensächlichkeit. Sei mutig und gehe deinen Weg! Behalte dein Ziel stets im Auge und lass dich nicht entmutigen. Erinnere dich an das Gefühl, das dich erfüllt, wenn du von deinen Erfolgen träumst. Eines Tages wirst du zurückblicken und erkennen, wie leicht es dir gefallen ist, Schritt für Schritt dein Ziel zu erreichen.

Diese dritte kritische Phase dient aber auch der Analyse deines Businessplans, um mögliche Schwachstellen aufzudecken und Lösungsansätze zu entwickeln, um diese zu beheben. Hierbei wird sichergestellt, dass dein Projekt sowohl ansprechend als auch praktisch ist und den Anforderungen deines Marktes entspricht. Eine kleine

Herausforderung der Disney – Strategie solltest du jedoch bedenken: Achte darauf, nicht zwischen verschiedenen Aspekten hin- und herzuspringen, sondern gehe gezielt vor. Träume zuerst und visualisiere dein Ziel, bevor du einen Plan erstellst und die möglichen Konsequenzen bedenkst. Sollte etwas nicht passen, greife erneut auf die Träumer-Methode zurück und passe deinen Plan an. Überarbeite ihn und prüfe erneut die Konsequenzen. Wenn du diese Strategie in einer Band anwendest, ist es wichtig, dass jeder Einzelne zuerst seinen eigenen Plan erstellt und dann die Schnittstellen erkennt. Es kann hilfreich sein, wenn es in der Band einen Visionär, einen Umsetzer und einen Skeptiker gibt. So werden eure Ziele in guten Händen sein und ihr werdet sie gemeinsam erreichen. Sei mutig und setze deine Träume in die Tat um!

Kapitel 2: Musikmarketing in der Praxis

2.1 Zauberei durch schriftliche Zielsetzung

Es ist erstaunlich, was man alles erreichen kann, wenn man seine Ziele schriftlich festhält. Dieses einfache Ritual der Zielsetzung kann wie Zauberei wirken und uns dabei helfen, unsere Träume und Wünsche in die Realität umzusetzen. Indem wir unsere Ziele auf Papier bringen, schaffen wir eine klare Vision und fokussieren unsere Aufmerksamkeit auf das, was wirklich wichtig ist. Wir können uns auf unsere Prioritäten konzentrieren und uns von Ablenkungen fernhalten, die uns davon abhalten, unsere Ziele zu erreichen. Mit einem festen Plan vor Augen können wir Schritt für Schritt auf unser Ziel hinarbeiten und uns selbst motivieren, indem wir unsere Fortschritte aufzeichnen. Die schriftliche Zielsetzung ist ein kraftvolles Werkzeug, das uns dabei helfen kann, das Leben zu führen, das wir uns wünschen.

Positiv zu formulieren, was du erreichen möchtest, ist dabei entscheidend, denn so vermeidest du, dich auf das zu konzentrieren, was du nicht möchtest. Nutze die "Hin-zu"-Motivation, indem du dir vorstellst, wer du gerne sein möchtest. Visualisiere dich als erfolgreicher Musiker mit einem blühenden Musik-Business und einem sehr guten Jahresverdienst. Konzentriere dich darauf, wie es sich anfühlen wird, wenn du dein Ziel erreicht hast und was du tun kannst, um sicherzustellen, dass du es erreicht hast.

Denke daran, dass du weiterträumen solltest und gib niemals auf!

Durch die vorherige schriftliche Zielsetzung, dem richtigen Mindset, der passenden Strategie für dich und dein Musikprojekt und natürlich mit Durchhaltevermögen wirst du dein Ziel wie durch Zauberei erreichen.

Dein Vorhaben aktiv und entschlossen angehen

Willensstärke ist der Schlüssel zum Erfolg! Du musst einen unerschütterlichen Glauben an dich selbst haben und deine Ziele mit Leidenschaft und Entschlossenheit verfolgen. Willenskraft ist wie ein Muskel, den du trainieren und stärken kannst. Es erfordert ein selbstbestimmtes Leben und die Übernahme der Verantwortung für dein Schicksal. Lass dich nicht von anderen beeinflussen oder vergleiche dich nicht mit anderen Musikern. Konzentriere dich auf deine eigenen Ziele und arbeite hart daran, sie zu erreichen. Schreibe sie auf und erstelle einen Plan, um sie zu verwirklichen. Glaube an dich und deine Musik und gib niemals auf, egal welche Herausforderungen auf dich zukommen. Mit Willenskraft und Entschlossenheit wirst du deine Träume verwirklichen!

Was macht den Unterschied zwischen einem guten und einem erfolgreichen Musiker aus? Willensstärke! Frag dich: "Erfüllt mich meine Aufgabe wirklich? Stimmt das mit meinem Ziel überein? Warum mache ich Musik? Was will ich durch meine Musik mitteilen?" Viele leben ohne Sinn und

Zweck. Machst du dieselben Lieder und trinkst danach ein Bier, ist das schon alles? Erfolgreiche Musiker üben jeden Tag und gehen zur Probe wie zur Arbeit: Vorbereitet und pünktlich. Setz dir Ziele und arbeite daran. Wenn du übst, tu es zielgerichtet und wiederhole die Übung, bis sie 5x ohne Fehler gespielt ist. So wird das Üben zu etwas Inspirierendem. An Tagen, an denen du keine Motivation verspürst, mach lieber gar nichts, als etwas zu tun, was du schon kannst.

Um erfolgreich zu sein, müssen Musiker zuverlässig sein. Damit öffnen sich viele Gelegenheiten. Zudem zeigst du anderen Personen den notwendigen Respekt und wirst als Profi wahrgenommen. Ebenso ist es wichtig, eine Organisation und Struktur zu haben, um den Fokus auf seine Zielerreichung zu behalten. Durch Geduld und die Akzeptanz von Hilfe, können auch andere zum Erfolg verhelfen. Denk daran, dass es viel Zeit und Arbeit in Anspruch nimmt, aber es lohnt sich! Wenn man seine Musik aufrichtig, mit Herz und Leidenschaft produziert, wird man auch Geld damit verdienen. Beginne also ab heute, diese Glaubenssätze zu verinnerlichen.

Doch diese anfängliche Begeisterung geht mit der Zeit verloren und die Motivation lässt nach. Ob sich das nun auf das Schreiben eines Blogs bezieht oder du das Angebot für ein Tonstudio einholen, oder ein kurzes Telefonat mit der Agentur führen solltest. Wenn du ehrlich mit dir selbst bist, dann wurden diese Dinge häufig aus reiner Faulheit nicht erledigt! „Oh, ich bin so kaputt ich hatte den ganzen Tag

Stress. Ich kann doch nicht bei der Agentur anrufen! Die haben sowieso nur Profis und ich bin noch kein Profi-Musiker.

2.2 Was behindert deinen Erfolg?

Es klingt zwar ein bisschen hart, aber Faulheit, Feigheit und Eitelkeit sind allesamt wahre Erfolgsverhinderer. In der Musikbranche sehe ich immer wieder, dass Menschen, die ein Ziel haben und mit viel Begeisterung daran arbeiten, schnell die Motivation verlieren. Oft liegt das nur an Bequemlichkeit, Angst oder Eitelkeit. Wenn man zu sich selbst ehrlich ist, wird man feststellen, dass viele Dinge deshalb nicht erledigt werden, weil man einfach keine Lust hat. Man denkt sich vielleicht: "Ich bin zu müde, ich habe den ganzen Tag schon viel Stress gehabt - da kann ich ja gar nicht bei der Agentur anrufen, die haben sowieso nur mit Profis zu tun!" Doch jeder kann es schaffen, wenn man sich nicht von Faulheit, Feigheit und Eitelkeit überwältigen lässt und den Mut hat, ein Ziel zu erreichen.

Zögere nicht, notwendige Schritte für die Förderung deines Projektes zu unternehmen, nur weil du denkst, dass es unter deinem Niveau liegt oder dir die Erfahrung fehlt. Es ist verständlich, wenn du denkst "Ich bin ein Musiker, warum sollte ich Flyer verteilen oder einen Artikel schreiben? Das ist nicht mein Ding!" Aber denke daran, du liest dieses Buch, weil du vorankommen willst. Wenn du nicht bereit bist, Dinge zu tun, die notwendig sind, um erfolgreich zu sein, dann kommen negative Glaubenssätze ins Spiel. "Meine Eltern haben ja Recht, Musik machen bringt kein Geld ein. Ich habe kein Talent..." Aber glaubst du wirklich, dass ein Plattenlabel vor deiner Tür stehen wird und dir einen Vorschuss gibt, damit du dein neues Album aufnehmen kannst? Das ist höchst unwahrscheinlich. Labels suchen Musiker oder Bands, die in der Lage sind, eine Halle in einer fremden Stadt mit 250 Leuten zu füllen. Sie wollen Musiker, die bereit sind, Schwierigkeiten zu überwinden und mit Misserfolg und Rückschlägen umzugehen. Das ist es, was zählt. Wenn du eine Halle mit 250 Leuten füllen kannst, dann kannst du das auch mit 800 Personen schaffen. Halte dein Business in deinen Händen und bleibe dabei. Du hast ein Ziel vor Augen und du wirst es erreichen, wenn du dranbleibst. Lass dich nicht entmutigen, sondern sei ermutigt.

2.3 Zeitmanagement

Um dein Musiker-Business erfolgreich zu gestalten, ist es unerlässlich, dass du dir klare Ziele setzt und diese konsequent mit einem guten strukturierten Zeitplan verfolgst. Ein wichtiger Schritt dabei ist, regelmäßig deine Planung zu überprüfen und anzupassen. Die vier entscheidenden Termine für mich sind die Jahres-, Monats-, Wochen- und Tagesstrukturierung. Durch eine sorgfältige Planung und Organisation kann ich sicherstellen, dass ich meine Ziele erreiche und mein Business voranbringe. Es erfordert Disziplin und Ausdauer, aber der Erfolg wird sich langfristig einstellen. Lass dich nicht entmutigen und bleibe fokussiert auf deine Ziele!

Ein Kalender hilft dir dabei, einen Überblick über deine Termine und Aufgaben zu behalten. So kannst du sicherstellen, dass du keine wichtigen Deadlines verpasst oder Doppelbuchungen machst. Du möchtest einen virtuellen Kalender nutzen? Umso besser, so kannst du jederzeit Termine mit Bandmitgliedern oder Shootings mit der Stylistin etc. teilen. Es gibt viele verschiedene Optionen, um einen virtuellen Kalender zu nutzen. Zum Beispiel kannst du Google ICalendar oder Microsoft Outlook verwenden, um Termine und Meetings online zu planen. Einige Plattformen bieten auch integrierte Kalenderfunktionen an, die dir helfen können, deine Proben, Interviews, Veranstaltungstermine, Shootings etc. zu organisieren. Wenn du mehr Funktionen wünschst, kannst du spezialisierte Kalendersoftware verwenden, die dir dabei hilft, alles im Blick zu behalten und ggf. mit anderen zu teilen. Egal wofür du dich entscheidest – mit einem virtuellen Kalender hast du alle Datumsangaben festgehalten und kannst jederzeit schnell nachschauen, ob noch etwas übersehen wurde. Auch filtern im Nachhinein auf welchen Events gespielt wurde oder wieviel mehr Gigs du im Folgejahr gemacht hast, ist schnell ersichtlich. Zusätzlich kannst du auch To-Do-Listen erstellen, um deine Aufgaben und Prioritäten im Blick zu behalten. Es gibt viele Apps und Tools für diese Zwecke, aber auch ein einfaches Notizbuch oder eine Tafel können helfen. Insgesamt gilt: Eine gute Organisation hilft dir dabei den Überblick über alle

Termine und Aufgaben zu behalten sowie effektiv mit anderen zusammenzuarbeiten. Finde heraus welche Methoden am besten für dich funktionieren und setze sie konsequent um – so wirst du erfolgreicher arbeiten!

2.4 Ausgleich – Kraft schöpfen

Halte dich fit! Und damit meine ich nicht nur geistig – in dieser Hinsicht trägst du schon viel mit deiner Musik bei. Ich rede von körperlicher Fitness. Körperliche Fitness ist ein wichtiger Faktor, um Stress abzubauen und die Kreativität zu fördern. Regelmäßige Bewegung wie Joggen, Yoga oder Krafttraining können dazu beitragen, den Geist zu beruhigen und das Selbstbewusstsein zu stärken. Ich selbst habe jahrelang getanzt und konnte somit ein paar coole Moves sogar für die Bühne nutzen.

Durch körperliche Aktivitäten werden Endorphine freigesetzt - Hormone, die für Glücksgefühle sorgen. Diese positiven Emotionen können helfen negative Gedanken loszuwerden und somit auch Stress abbauen.

Darüber hinaus kann regelmäßiges Training dabei helfen neue Ideen und Inspirationen für kreative Projekte zu finden. Während des Sports wird der Kopf frei von Alltagsproblemen und es entsteht Raum für neue Gedanken.

Es ist wichtig darauf hinzuweisen, dass man nicht unbedingt in einem Fitnessstudio trainieren muss, um diese Vorteile nutzen zu können. Es gibt viele Möglichkeiten sich sportlich aktiv im Freien oder zuhause auszutoben – zum Beispiel mit einer Runde joggen durch einen nahegelegenen Park oder einer Yogaeinheit mit einer App auf dem Wohnzimmerboden. Insgesamt bietet eine gesunde Balance zwischen Sport- und Kreativitätstraining zahlreiche Vorteile sowohl physisch als auch mental.

Des Weiteren ist es wichtig deinen Geist zur Ruhe zu bringen, und zwar täglich!

Ich empfehle dir, jeden Tag eine "Stille Stunde" einzuplanen, in der du dich vollkommen entspannen kannst. Studien haben gezeigt, dass wir in einem entspannten Zustand viel produktiver und kreativer sind. Du kennst das sicherlich auch: Wenn du auf der Bühne stehst und einfach nur spielst, ohne dich zu verkrampfen, spürst du eine innere Gelassenheit. In diesem Zustand kannst du die Stimmen in deinem Kopf ausschalten und dich voll und ganz auf deine Musik konzentrieren. Ich praktiziere diese Übung seit einigen Jahren und mein Leben ist viel leichter geworden, da ich keinen inneren Kampf mehr führe. Ich höre auf meine Intuition und habe ein inneres Zwiegespräch mit mir selbst entwickelt. Wenn ich Fragen zu Projekten, Herausforderungen oder Problemen habe, erhalte ich immer eine Antwort. Wenn du es auch ausprobieren möchtest, setze dich bequem auf einen Stuhl, schließe deine Augen und atme dreimal tief ein und aus. Konzentriere dich auf deinen Atem und wenn ein Gedanke kommt, sag "Hallo und Tschüss!" und kehre zu deinem Atem zurück. Beginne mit 5 Minuten und probiere es jetzt aus.

Das tägliche Meditieren ist auch ein guter Weg, um zu sich selbst zu finden. Als Musiker solltest du es als Ritual in deinen Alltag integrieren. Es fördert nicht nur deine Konzentration, sondern stärkt auch deine Kreativität. Durch das bewusste Zur-Ruhe-Kommen und das Fokussieren auf deinen Atem oder ein Mantra entsteht ein Zustand innerer Ruhe und Klarheit. Diese mentale Ausgeglichenheit kann den kreativen Prozess beflügeln und zu neuen Ideen und Inspiration führen. Regelmäßiges Meditieren hilft dir zudem dabei, Stress abzubauen und dein allgemeines Wohlbefinden zu steigern. Es ist eine wertvolle Praxis, die dich als Musiker dabei unterstützen kann, dein volles künstlerisches Potenzial zu entfalten.

Kapitel 3: Kreiere dein perfektes Produkt

3.1 Die Frage - Die Botschaft

Der erste Schritt ist es dieses Buch zu lesen und es Schritt für Schritt auf dein Musikprojekt zu übertragen und loszulegen - anhand deines strukturierten Businessplans. Nun geht es an das erste Brainstorming. Schreibe alle Ideen, Begriffe und Inputs auf, die aus dem Nichts kommen. Du kannst es auch gemeinsam mit einem Bandkollegen oder deinem Braintrust-Partner zu jeder Tageszeit, bei der du dich inspiriert fühlst angehen. Vielleicht sind schon die ersten Songs fertig oder du hast ein cooles Coverprojekt oder eine legendäre Show in deiner Schublade? Egal, was dir vorschwebt, du solltest mit der entscheidenden Frage dein Projekt einordnen. Die Frage lautet:

Was willst du mit deiner Musik, deinem "Produkt" erreichen? Das ist die Frage, die du dir stellen musst, um einen erfolgreichen Businessplan zu erstellen. Willst du eine Botschaft vermitteln? Möchtest du andere inspirieren oder Probleme lösen? Hast du vor, anderen Entspannung zu bieten? Willst du Partys rocken? Möchtest du anderen helfen? Und vor allem: Welche Persönlichkeit musst du sein, damit deine Fans deine Musik lieben?

Wenn in diesem Ratgeber von Fans die Rede ist, meine ich nicht nur Groupies, die während des Konzertes kreischend vor der Bühne stehen, sondern auch Veranstalter, Vertreter aus der Öffentlichkeit (Radio, TV, Presse) etc., welche du begeistern möchtest, um dein Ziel zu erreichen.

Mach dich bereit, die Welt zu erobern! Wenn du diese Fragen beantworten kannst, hast du eine wichtige Grundlage, um den perfekten Businessplan zu erstellen. Fang damit an, den Zweck deiner Musik festzulegen und dann eine Strategie zu entwickeln, um mithilfe von Marketing-Tools und Netzwerken neue Kontakte zu knüpfen und Kunden zu gewinnen. Es ist ebenfalls wichtig, die passende Plattform zu finden, um dein Publikum zu erreichen und einzigartige Funktionen oder Services anzubieten. Denk auch daran, deinen Fokus auf die Entwicklung starken Inhalts zu legen, Kontakt zu deinen Fans zu pflegen und Veränderungen zu verstehen. Natürlich spielt auch die Preiskalkulation eine Rolle.

Es braucht Zeit und Geduld, um den tieferen Sinn und das Warum deiner Musik zu finden. Es ist ein Prozess, der nicht von heute auf morgen geschieht. Aber den Anfang hast du schon gemacht und du setzt dich jetzt tiefer damit auseinander.

Ich habe mehrere Projekte allein, gemeinsam mit anderen entwickelt, die gut funktionierten, andere Projekte weiterentwickelt und einige aufgegeben, da ich merkte, es ist nicht meins oder es funktioniert nicht so gut wie erhofft.

Und aus all diesen Erfahrungen habe ich gelernt und bin daran gewachsen. Ab und zu bin ich hingefallen, doch jedes

Mal wieder aufgestanden mit der Erkenntnis, dass ich etwas verändern möchte. Manchmal war es eine kleine, manchmal auch eine einschneidende Veränderung. Ich bin sehr dankbar für diesen Weg auch mit seinen Umwegen, denn ich habe so viele wundervolle Menschen kennengelernt, die mich auf meiner Reise unterstützt haben.

Los geht´s

Du bist also Teil einer frischen Musikcombo, einem neuen Showprojekt oder einer aufstrebenden Band? Die Musikwelt platzt geradezu vor neuen Talenten – und das ist echt cool! Aber, wie du vielleicht schon bemerkt hast, sind die Auftrittsmöglichkeiten eher rar gesät. Tja, wenn die Nachfrage das Angebot übertrumpft, musst du dir was einfallen lassen, um dich und deine Band aus der Menge herauszustechen und auf die Bühne zu katapultieren.

Der erste Schritt zu mehr Gigs für deine Band? Vermeide die Fehler, die 90% der anderen Bands machen! Keine Sorge, ich bin hier, um dir zu erklären, wie du das am besten hinkriegst und dabei die klassischen Anfängerpatzer umschiffst. Also, schnall dich an und lass uns loslegen!

3.2 Materialerstellung

3.2.1 Individueller Look – Bühnenkleidung

Im folgenden Artikel möchten wir uns der Materialerstellung für dein aufstrebendes Musikprojekt widmen. Bevor ich jedoch näher auf das benötigte Material eingehe, möchte wir uns zunächst der Bedeutung der Bühnenkleidung widmen. Die richtige Wahl der Bühnenkleidung spielt eine entscheidende Rolle für deine Performance und dein Auftreten auf der Bühne. Deshalb werde ich in diesem Abschnitt Tipps und Empfehlungen zur Auswahl der passenden Bühnenkleidung geben.

Wenn dein Style für dich oder deine Band bereits durchdacht und vollendet ist, kannst du diesen Artikel gerne überspringen. Andernfalls kannst du hier wertvolles Know-how mitnehmen, denn das perfekte Bühnenoutfit ist ein essenzieller Faktor, der maßgeblich zum Erfolg beitragen kann.

Die Wahl der richtigen Bühnenkleidung hängt von vielen Faktoren ab: Musikgenre, Persönlichkeit des Künstlers und Art des Auftritts sind nur einige davon. Ein Rockstar wird sich anders kleiden als ein klassischer Pianist bei einem Konzert in einer Philharmonie.

Ein wichtiger Aspekt bei der Auswahl des richtigen Outfits ist jedoch immer die Bequemlichkeit. Musiker müssen sich frei bewegen können und dürfen nicht durch unbequeme Schuhe oder enge Kleider behindert werden.

Lass uns einen Blick auf die fabelhafte Welt der Musiker-Schuhe werfen! Lass uns unsere Reise unten beginnen, bei den Schuhen. Als Musiker hast du die Qual der Wahl, wenn es um bequeme Schuhoptionen für deine Auftritte geht. Es gibt so viele fantastische Möglichkeiten, dass du fast einen Schuhladen eröffnen könntest! Hier sind ein paar Beispiele:

- Die Sneaker-Sensation: Sneakers sind die wahren Rockstars der Schuhwelt. Sie sind bequem, stylish und perfekt für stundenlange Bühnenauftritte. Mit ihren ausgefallenen Designs und funky Farben machen sie jeden Schritt zu einem echten Hingucker. Du wirst dich fühlen wie der König oder die Königin der Sneaker-Gang!
- Der Slip-On-Zauberer: Wenn du es liebst, ohne viel Aufwand in deine Schuhe zu schlüpfen, dann sind Slip-Ons deine magische Lösung. Kein lästiges Schnüren oder Binden mehr! Einfach reinschlüpfen und schon bist du bereit für die Bühne. Das ist Musik für deine Füße!
- Die Boot-Banditen: Wenn du einen robusten und rebellischen Look bevorzugst, dann sind Boots deine treuen Begleiter. Diese kraftvollen Schuhe bieten deinen Füßen Stabilität und Unterstützung, während du auf der Bühne rockst. Mit ihnen kannst du jeden Auftritt wie ein Rockstar meistern. Zeig der Welt, wer hier das Sagen hat!
- Die Tanzschuh-Tänzerin: Ah, die wunderbare Welt der Tanzschuhe! Wenn du auf der Bühne tanzt oder dich gerne wild bewegst, sind Tanzschuhe deine Verbündeten. Mit ihrer biegsamen Sohle und ihrem bequemen Fußbett kannst du dich nach Herzenslust drehen, wirbeln und hüpfen. Du wirst das Gefühl haben, über den Wolken zu schweben! Es gibt sie in

allen möglichen Stilen und Absatzhöhen, so dass du den perfekten Tanzpartner für deine Füße auswählen kannst. Egal, ob du dich für einen kleinen Tanzflirt mit flachen Sohlen entscheidest oder den vollen Tango mit höheren Absätzen wagst, eines ist sicher: Mit den richtigen Tanzschuhen bist du bereit, die Bühne zu erobern und das Publikum zum Tanzen zu bringen!

So viele Schuhe, so wenig Zeit! Aber mach dir keine Sorgen, als Musiker hast du die Freiheit, deinen eigenen Style von Glitzer bis GlamRock zu wählen und den perfekten Schuh zu finden, der zu deinem Charisma und deinem Musikstil passt. Also schnapp dir deine Lieblingsschuhe und rock die Bühne wie kein anderer!

Lass uns einen Blick auf die wundervolle Welt der Bühnenoutfits werfen! Hier geht es nicht nur um Kleidung, sondern um wahre Kunstwerke, die den Charakter eines Künstlers zum Strahlen bringen. Farbenfrohe Outfits für die Popmusikszene sind wie ein Feuerwerk auf der Bühne, während dunklere Töne eher den mystischen Klängen des Metals oder Gothics entsprechen.

Doch nicht nur das Aussehen zählt, sondern auch die Funktionalität. Manche Musiker brauchen kleine Taschen für ihre Gitarrenplektren - schließlich will man diese kleinen Schätze nicht verlieren! Und wer kennt es nicht, die Hitze auf der Bühne kann einem schon mal ins Schwitzen bringen. Da sind spezielle Stoffe gefragt, die das Ganze etwas angenehmer machen.

Von schlichten Hemden bis hin zu Anzügen mit Glitzersteinchen - die Auswahl an Bühnenoutfits ist schier endlos. Es unterstreicht das Image und die Persönlichkeit des Künstlers oder der Band und trägt maßgeblich zur Gesamtwirkung bei.

Auch im Jazz-Genre wird viel Wert auf stilvolle Kleidung gelegt – hier sind Anzüge mit Fliegen oder Krawatten beliebt, elegante Paillettenkleider oder ein selbst kreierter individueller Look. Im Hip-Hop hingegen dominieren lässige Streetwear-Looks wie Hoodies, Sneaker und Baseballcaps. Solltest du selbst nicht so kreativ sein, kannst du dir Inputs bei anderen Künstlern ähnlicher Musiksparte holen und über die Bildersuche im Internet ähnliche Kleidung oder Zubehör filtern.

Auch Accessoires können auf der Bühne eine wichtige Rolle für Musiker spielen. Sie können nicht nur als modische Ergänzung dienen, sondern auch im Merchandising eine große Bedeutung haben. Wenn ihr bei euren Auftritten ein cooles Accessoire tragt, warum nicht darüber nachdenken, es auch als Merchandising-Artikel nach dem Konzert anzubieten?
Von T-Shirts über Caps bis hin zu Schlüsselanhängern gibt es eine Vielzahl an Möglichkeiten, um eure eigene Marke und euer Image als Musiker zu stärken. Diese Accessoires können nicht nur euren Fans die Möglichkeit geben, ein Stück eurer Musik und eures Stils mit nach Hause zu

nehmen, sondern auch eure Bekanntheit und Fanbase erweitern.

Besonders beliebt sind dabei personalisierte Artikel wie zum Beispiel Gitarrengurte mit dem eigenen Logo oder individuell bedruckte Drumsticks. Diese können nicht nur auf Konzerten verkauft werden, sondern auch online im eigenen Webshop angeboten werden.

Denkt kreativ und findet einzigartige Accessoires, die zu eurer Musik und eurem Image passen. Sie können euer Logo, euren Bandnamen oder auffällige Designs tragen. Indem ihr sie nach dem Konzert zum Verkauf anbietet, könnt ihr nicht nur eure Fans begeistern, sondern auch eure Karriere als Musiker vorantreiben.

Schaut euch um und überlegt euch, welche Accessoires zu eurer Musik und eurem Stil passen könnten. Sie können ein großartiges Instrument sein, um eure Marke zu stärken und eure Fans noch enger an euch zu binden. Lasst eurer Kreativität freien Lauf und nutzt diese Möglichkeiten, um euer Image als Musiker zu festigen und eure Karriere weiter voranzubringen.

Es gibt viele berühmte Musiker und Bands, die im Laufe der Zeit besondere Markenzeichen mit ihrer Kleidung oder ihren Accessoires entwickelt haben. Elvis Presley war bekannt für seine schicken Anzüge, hoch gegeltes Haar und seine ikonische Sonnenbrille. Michael Jackson hatte sein berühmtes rotes Lederjacken-Outfit aus dem "Thriller"-Musikvideo. AC/DC trugen einheitliche Bühnenkleidung bestehend aus schwarzen Jeans, schwarzen T-Shirts und Schuluniform-ähnlichen Oberteilen. Lady Gaga ist für ihre extravagante und kreative Kleidung bekannt, darunter das berühmte "Fleischkleid". Die Band Kiss beeindruckte mit aufwendigen Kostümen und auffälligem Make-up. Freddie Mercury von Queen hatte einen einzigartigen Stil mit engen Lederhosen, auffälligen Bühnenoutfits und einer Krone. Pharrell Williams ist für seine ausgefallenen Kopfbedeckungen, wie das "Mountie Hat" und das "Vivienne Westwood Buffalo Hat", bekannt. The Beatles hatten in den 1960er Jahren einen einheitlichen Look mit Anzügen, hohen Hemdkragen und Pilzkopf-Frisuren. Slash von Guns N' Roses ist durch seinen schwarzen Zylinderhut, seine Sonnenbrille und seine wilde Lockenmähne erkennbar. Diese Musiker und Bands sind nur einige Beispiele dafür, wie Kleidung und Accessoires zu unverwechselbaren Markenzeichen geworden sind.

Insgesamt ist die richtige Kombination aus Kleidung und Accessoires ein wichtiger Bestandteil des Gesamtauftritts eines Musikers – sowohl auf der Bühne als auch abseits davon.

3.2.2 Demotape

Zuallererst brauchst du ein wirklich gutes Demotape. Wenn du dies mit deinem Musikprojekt aufnehmen möchtest, um es im Internet zu präsentieren, gibt es einige wichtige Schritte, die du beachten kannst.

Zunächst einmal solltest du dein Musikprojekt gut vorbereiten. Stelle sicher, dass alle Instrumente gestimmt sind und du die richtigen Noten und Texte kennst. Sei vertraut mit den Songs und Arrangements, die du aufnehmen möchtest.

Entscheide dann, welches Aufnahmegerät du verwenden möchtest. Du hast verschiedene Möglichkeiten, wie einen Computer mit Aufnahmesoftware, ein digitales Aufnahmegerät oder sogar dein Smartphone. Wähle das Gerät aus, das deinen Bedürfnissen und deinem Budget am besten entspricht.

Wähle einen geeigneten Raum für die Aufnahme aus. Achte auf eine gute Akustik und vermeide Räume mit zu viel Hall oder störenden Geräuschen. Du kannst auch akustische Maßnahmen ergreifen, wie das Aufhängen von Vorhängen oder das Platzieren von Teppichen, um den Klang zu verbessern.

Wenn du mehrere Instrumente oder Gesang aufnehmen möchtest, benötigst du möglicherweise mehrere Mikrofone. Positioniere sie entsprechend, um eine ausgewogene Klangbalance zu erreichen. Experimentiere mit verschiedenen Mikrofonplatzierungen, um den besten Klang zu erzielen.

Nimm deine Musik in mehreren Takes auf, um die besten Ergebnisse zu erzielen. Achte darauf, dass die Spuren gut aufeinander abgestimmt sind und dass keine Übersteuerungen oder Clippings auftreten. Höre dir die Aufnahmen sorgfältig an und korrigiere eventuelle Fehler oder Unstimmigkeiten.

Nach der Aufnahme ist es wichtig, deine Musik zu mischen und zu mastern. Das Mixing beinhaltet das Anpassen der Lautstärke und des Klangs der verschiedenen Spuren, während das Mastering den finalen Schliff verleiht und sicherstellt, dass die Musik auf verschiedenen Wiedergabegeräten gut klingt.

Entscheide dich für das geeignete Dateiformat für deine Aufnahmen, z.B. MP3, AAC ect., um sie im Internet leicht teilen zu können. Achte darauf, dass die Dateigröße nicht zu groß ist, um das Hochladen und Streamen zu erleichtern, aber behalte trotzdem eine gute Klangqualität bei.

Wenn du über die finanziellen Möglichkeiten verfügst, kannst du auch in ein professionelles Tonstudio gehen, um deine Aufnahmen zu machen. Tonstudios bieten hochwertige Aufnahme- und Produktionsausrüstung sowie Fachleute, die dir bei der Aufnahme und dem Mixing helfen können.

Sobald deine Aufnahmen fertig sind, erstelle eine Online-Präsenz für dein Musikprojekt. Erstelle eine Website oder nutze Plattformen wie SoundCloud, Bandcamp oder YouTube, um deine Musik zu teilen. Teile deine Aufnahmen auch in sozialen Medien, um deine Reichweite zu erhöhen.

3.2.3 Videomaterial

Vielleicht gibt es bereits einen Videomitschnitt von einem fantastischen Konzert, einer aussagekräftigen Probe oder einer coolen Session auf der Wiese, der gut zu deinem Musikprojekt passt. Wenn du bereits solche Aufnahmen hast, kannst du sie nutzen, um ein Video zu erstellen. Diese Art von Videos vermittelt oft eine authentische und lebendige Atmosphäre.

Wenn du solche Aufnahmen noch nicht hast, kannst du darüber nachdenken, sie gezielt zu planen. Organisiere ein Konzert oder eine Probe in einer besonderen Umgebung, wie z.B. einer malerischen Wiese oder einem einzigartigen Veranstaltungsort, und filme die Performance. Stelle sicher, dass die Aufnahmen die Stimmung und den Charakter deiner Musik widerspiegeln.

Ein solches Video kann einen bleibenden Eindruck hinterlassen und eine starke Verbindung zwischen deiner Musik und dem Publikum herstellen. Achte darauf, dass die Tonqualität gut ist und dass das Video professionell aufgenommen und bearbeitet wird, um eine ansprechende visuelle Ästhetik zu gewährleisten.

Nachdem du das Video erstellt hast, kannst du es auf verschiedenen Plattformen hochladen und teilen. Nutze YouTube, Vimeo oder andere Video-Sharing-Plattformen, um eine größere Reichweite zu erzielen. Teile das Video auch auf deiner Website und in den sozialen Medien, um deine Fans und Freunde darauf aufmerksam zu machen.

Denke daran, dass das Video zu deinem Musikprojekt passen und die Essenz deiner Musik einfangen sollte. Es sollte deine Botschaft unterstützen und deine Kreativität und Leidenschaft zum Ausdruck bringen. Investiere Zeit und Mühe in die Planung und Produktion, um ein Video zu erstellen, das die Zuschauer fesselt und deine Musik auf eine einzigartige Weise präsentiert.

Es macht sich auch sehr gut, ein Video zu generieren, welches die besten Kurzsequenzen eines Auftritts, Musikvideos oder einer Probesession präsentiert. Ein kurzer Eindruck bis ca. 3 Minuten ist vollkommen ausreichend.

3.2.4 Fotomaterial

Du brauchst ansprechende Fotos, um als Musiker oder mit deiner Band erfolgreich zu sein. In der heutigen visuell orientierten Musikbranche spielen hochwertige Bilder eine entscheidende Rolle, um das Interesse der Fans zu wecken und eine professionelle Präsenz aufzubauen. Hier sind einige Tipps, wie du großartige Fotos für deine Musikkarriere bekommen kannst.

Ein guter erster Schritt ist die Zusammenarbeit mit einem professionellen Fotografen. Suche nach jemandem, der Erfahrung in der Musikfotografie hat und in der Lage ist, deine Vision zu verstehen. Der Fotograf kann dir bei der Planung und Umsetzung helfen, um das gewünschte ästhetische Konzept zu erreichen.

Zusätzlich kann ein Visagist oder eine Visagistin hinzugezogen werden, um sicherzustellen, dass du und deine Bandmitglieder im besten Licht erscheinen. Ein professionelles Make-up kann den Gesamteindruck verbessern und dich auf den Fotos strahlend aussehen lassen.

Bei der Wahl der Locations für das Fotoshooting solltest du darauf achten, dass sie zur Atmosphäre und zur Art deiner Musik passen. Du könntest ein verlassenes Industriegelände für einen Rock-Look wählen, einen Park oder eine Naturkulisse für einen folkigen Vibe oder ein stilvolles Studio für ein elegantes Auftreten.

Das Studio ist ebenfalls eine großartige Option, um eine Vielzahl von Looks und Stilen zu kreieren. Mit professioneller Beleuchtung und einem sauberen Hintergrund können Studioaufnahmen eine zeitlose und professionelle Ästhetik vermitteln. Du kannst verschiedene Outfits und Posen ausprobieren, um eine Vielfalt an Bildern zu erhalten.

Wenn du dich in deiner Musik auch mit bestimmten Themen oder Botschaften befasst, kannst du diese in den Fotos reflektieren. Überlege, wie du visuell die Stimmung oder die Erzählung deiner Songs einfangen kannst. Kreativität und Individualität sind der Schlüssel, um Fotos zu erstellen, die deine Identität als Musiker oder Band widerspiegeln.

Sobald die Fotos gemacht sind, ist es wichtig, sie sorgfältig auszuwählen und zu bearbeiten. Zusammen mit dem Fotografen kannst du die besten Aufnahmen aussuchen und eventuelle Anpassungen an Farben, Kontrasten oder Effekten vornehmen, um den gewünschten Look zu erzielen.

Die fertigen Fotos können für verschiedene Zwecke genutzt werden, wie zum Beispiel für Albumcover, Promotionmaterial, Social-Media-Profile oder Presseveröffentlichungen. Verbreite die Bilder auf deinen Online-Plattformen, teile sie in den sozialen Medien und nutze sie für Marketingzwecke, um deine Musikkarriere voranzutreiben.

Denke daran, dass ansprechende Fotos eine professionelle und visuell ansprechende Präsentation bieten, die es dir ermöglicht, einen bleibenden Eindruck zu hinterlassen. Investiere Zeit und Ressourcen, um qualitativ hochwertige Bilder zu bekommen, die deine Musik und Persönlichkeit optimal repräsentieren.

Neben der Erstellung ansprechender Fotos gibt es noch zwei wichtige Aspekte zu beachten: die Rechte an den Fotos und die Auflösung der Bilder.

Es ist entscheidend, dass du die Rechte an den Fotos besitzt oder die entsprechenden Vereinbarungen mit dem Fotografen triffst. Es gibt verschiedene Arten von Nutzungsrechten, die du mit dem Fotografen vereinbaren kannst. Zum Beispiel könntest du eine Lizenz für die Nutzung der Fotos in deiner Musikpromotion erwerben oder vereinbaren, dass du die uneingeschränkten Nutzungsrechte erhältst. Dies ist wichtig, um rechtliche Probleme zu vermeiden und sicherzustellen, dass du die Fotos frei nutzen kannst, wie du es möchtest.

Ein weiterer wichtiger Aspekt ist die Auflösung der Fotos. Es wird empfohlen, dass die Fotos eine hohe Auflösung haben, um eine optimale Qualität zu gewährleisten. Eine hohe Auflösung ermöglicht es dir, die Fotos später auch für größere Formate wie Plakate oder Werbematerialien zu verwenden, ohne dass die Qualität darunter leidet. Denke daran, dass Fotos mit niedriger Auflösung möglicherweise nicht gut skalierbar sind und unscharf oder pixelig wirken können, wenn sie vergrößert werden.

Wenn du Fotos für Plakate verwenden möchtest, sprich dies mit dem Fotografen im Voraus ab. Stelle sicher, dass du die erforderlichen Rechte und eine hohe Auflösung der Bilder hast, um die bestmöglichen Ergebnisse zu erzielen. Je besser die Qualität der Fotos ist, desto professioneller wirken deine Plakate und desto ansprechender sind sie für dein Publikum.

Schließlich solltest du die Fotos auch in einem sicheren und gut organisierten Archiv aufbewahren. Mache regelmäßige

Backups, um sicherzustellen, dass du jederzeit auf die Fotos zugreifen kannst, falls sie benötigt werden. Ein gut gepflegtes Fotoarchiv erleichtert die Verwendung der Fotos in Zukunft und hilft dabei, den Überblick über deine visuellen Assets zu behalten.

Denke daran, dass Fotos ein wertvolles Werkzeug sind, um dich als Musiker oder Band zu präsentieren. Mit ansprechenden Fotos in der Hand kannst du dein Image aufbauen, deine Musik promoten und deiner Karriere einen professionellen Schub verleihen.

Auch Live-Fotos eines Auftritts oder einer Probe sind prima geeignet, deine Energie auf der Bühne einzufangen und deine Performance visuell zu präsentieren. Live-Fotos zeigen nicht nur dein Engagement und deine Leidenschaft, sondern können auch dein Potenzial als Live-Performer vermitteln. Du kannst sie für deine Promotion nutzen, sei es auf deiner Website, in sozialen Medien oder in Pressematerialien. Achte darauf, einen erfahrenen Fotografen zu engagieren, der deine Performance und die Atmosphäre des Auftritts optimal einfangen kann.

3.2.5 Künstlerwebsite

Ein großer Schritt in der Musikbranche ist es, eine starke Online-Präsenz aufzubauen. Eine Internetseite ist ein effektives Instrument, um deine Musik zu präsentieren, Fans zu gewinnen und dich als Musiker oder Band bekannt zu machen. In diesem Artikel werden wir uns darauf konzentrieren, wie du entweder eine eigene Homepage oder eine Facebookseite für den Anfang erstellen kannst, nachdem du das gesamte Material wie Shootingfotos, Livefotos, Videos und Hörproben zusammengetragen hast. Perfekt wäre natürlich beides, aber bedenke, dass diese auch gepflegt und immer auf den neuesten Stand gebracht werden sollten.

Die eigene Homepage

Eine eigene Homepage bietet dir maximale Kontrolle über das Design und den Inhalt. Hier sind die Schritte, um deine eigene Internetseite zu erstellen:

Schritt 1: Domain und Hosting - Registriere eine passende Domain, die deinen Namen oder den Namen deiner Band widerspiegelt. Wähle ein zuverlässiges Hosting-Unternehmen (weiter unten findest du noch Tipps dazu), um deine Webseite online zu stellen.

Schritt 2: Design - Entscheide dich für ein ansprechendes Design, das zu deiner Musik und deinem Image passt. Wähle ein responsives Layout, das auf verschiedenen Geräten gut aussieht. Integriere hochwertige Shootingfotos, Livefotos und andere visuelle Elemente, um deine Webseite ansprechend zu gestalten.

Schritt 3: Inhalte - Erstelle eine überzeugende "Über uns"-Seite, auf der du dich und deine Musik vorstellst. Füge eine "Termine"-Seite hinzu, um deine kommenden Auftritte anzuzeigen. Integriere Videos, Hörproben und eine Fotogalerie, um den Besuchern einen umfassenden Einblick in deine Musik zu geben.

Schritt 4: Kontaktinformationen und Social-Media-Verknüpfungen - Stelle sicher, dass deine Kontaktinformationen leicht zugänglich sind, damit Fans, Veranstalter oder Journalisten dich erreichen können. Verknüpfe auch deine Social-Media-Profile, um eine Verbindung zu deinen Followern herzustellen.

Hier sind drei gute Hosting-Unternehmen, die sich für eine Website eines Musikers eignen:

Bluehost: Bluehost ist ein beliebter Hosting-Anbieter, der sich auf Website-Hosting spezialisiert hat. Sie bieten eine benutzerfreundliche Plattform und unterstützen verschiedene Content-Management-Systeme wie WordPress, das häufig von Musikern zur Erstellung ihrer Websites verwendet wird. Bluehost bietet auch kostenlose Domain-Registrierung, SSL-Zertifikate und eine gute Performance.

SiteGround: SiteGround ist ein renommierter Hosting-Anbieter, der für seine hohe Leistung und Zuverlässigkeit bekannt ist. Sie bieten spezialisierte Hosting-Pläne für WordPress, die den spezifischen Anforderungen von Musikern gerecht werden können. SiteGround bietet auch kostenlose SSL-Zertifikate, automatische Website-Backups und einen ausgezeichneten Kundensupport.

Wix: Wix ist eine All-in-One-Website-Plattform, die eine einfache Drag-and-Drop-Benutzeroberfläche bietet. Sie bieten eine Vielzahl von professionellen Musik-orientierten Vorlagen und Funktionen, die es Musikern ermöglichen, ihre Websites einfach zu erstellen und zu verwalten. Wix bietet auch Hosting-Services sowie Domain-Registrierung und E-Mail-Marketing-Tools.

Diese Hosting-Unternehmen bieten gute Optionen für Musiker, um ihre Websites zu hosten und online präsent zu sein. Es ist ratsam, die spezifischen Anforderungen und Funktionen, wie zum Beispiel die Integration von Musik-Playern, E-Commerce-Funktionen oder Konzertkalendern, zu berücksichtigen, um das beste Hosting-Unternehmen für deine Bedürfnisse auszuwählen.

Facebookseite & co

Facebook ist eine effektive Plattform, um deine Musik zu präsentieren und mit einem breiten Publikum zu interagieren. Hier sind die Schritte, um eine professionelle Facebookseite zu erstellen:

1. Erstellung der Seite: Gehe zu Facebook und erstelle eine Unternehmensseite. Wähle eine passende Kategorie für

Musiker oder Band aus und fülle alle erforderlichen Informationen aus.

2. Profil- und Titelbild: Lade ein hochwertiges Profilbild hoch, das deine Persönlichkeit oder das Logo deiner Band widerspiegelt. Wähle ein beeindruckendes Titelbild aus, das die Aufmerksamkeit der Besucher auf sich zieht.

3. Inhalte: Füge eine ansprechende Beschreibung hinzu, in der du dich und deine Musik vorstellst. Veröffentliche regelmäßig Beiträge, die Neuigkeiten, Updates, Konzerttermine, Fotos und Videos enthalten. Teile Hörproben und verlinke zu deinen anderen Online-Plattformen.

4. Interaktion mit Fans: Antworte auf Kommentare, Nachrichten und Rezensionen, um eine enge Bindung zu deinen Fans aufzubauen. Ermutige sie, deine Beiträge zu teilen und ihre Meinungen zu teilen. Organisiere Gewinnspiele oder exklusive Inhalte, um die Interaktion weiter zu fördern.

Egal ob du dich für eine eigene Homepage oder eine Facebookseite entscheidest, hier sind einige wichtige Tipps, um das Beste aus deiner Internetpräsenz herauszuholen.

Konsistenz: Sei konsequent in deinen Aktivitäten. Aktualisiere regelmäßig deine Webseite oder Facebookseite, um die Fans auf dem Laufenden zu halten. Stelle sicher, dass deine Informationen, Termine und Kontaktinformationen stets aktuell sind.

Multimedia-Inhalte: Nutze das volle Potenzial der digitalen Medien, um deine Musik zu präsentieren. Lade ausschließlich hochwertige Shootingfotos, Livefotos und Videos hoch, um das visuelle Erlebnis zu verstärken. Teile ausnahmslos aussagekräftige Hörproben, um den Besuchern einen Vorgeschmack auf deine Musik zu geben.

Social-Media-Integration: Verknüpfe deine Internetseite oder Facebookseite mit deinen anderen Social-Media-Profilen wie Instagram, Twitter oder YouTube. Dies ermöglicht es den Fans, dich auf verschiedenen Plattformen zu entdecken und zu folgen.

Newsletter-Abonnement: Biete deinen Besuchern die Möglichkeit, sich für einen Newsletter zu registrieren. So kannst du sie regelmäßig über Neuigkeiten, Konzerte oder neue Veröffentlichungen informieren. Ein Newsletter ist eine großartige Möglichkeit, eine engagierte Fanbasis aufzubauen.

Suchmaschinenoptimierung (SEO): Achte darauf, dass deine Webseite oder Facebookseite suchmaschinenoptimiert ist. Verwende relevante Keywords in deinen Inhalten und Meta-Tags, um deine Sichtbarkeit in den Suchergebnissen zu verbessern. Dies hilft potenziellen Fans, dich leichter zu finden.

Professionalität: Stelle sicher, dass sowohl deine Webseite als auch deine Facebookseite einen professionellen Eindruck vermitteln. Vermeide Rechtschreibfehler, sorge für eine intuitive Navigation und reagiere zeitnah auf Nachrichten und

Anfragen. Ein professioneller Auftritt schafft Vertrauen bei Fans, Veranstaltern und der Presse. Letztendlich ist es wichtig, dass deine Internetpräsenz deine Musik und deine Persönlichkeit widerspiegelt. Egal ob du dich für eine eigene Homepage oder eine Facebookseite entscheidest oder beides, nutze sie als Plattform, um deine Musik zu präsentieren, Fans zu gewinnen und deine Karriere voranzutreiben. Mit hochwertigen Inhalten, aktiver Interaktion und einer professionellen Präsentation bist du auf dem besten Weg, als Musiker erfolgreich zu sein. Im Verlauf des Buches hast du schon einiges über andere soziale Medien gelesen und gelernt. Auch später werde ich dir noch viele weitere Tipps zu anderen Plattformen und Nutzung für Marketingzwecke geben.

Kapitel 4: Künstlermanagement in der Praxis

4.1 Erste Schritte wie du als Musiker Liveauftritte generieren kannst

Wenn du eine erfolgreiche Karriere in der Musikbranche anstrebst, ist es unerlässlich, dass du Liveauftritte generierst. Dafür gilt es, Kontakte zu knüpfen, eigene Veranstaltungen zu organisieren, eine Online-Präsenz aufzubauen, sich bei Festivals zu bewerben und mit professionellen Booking-Agenturen zusammenzuarbeiten. Egal, für welchen Weg du dich entscheidest, es erfordert viel Arbeit und Zeit im Voraus Planung, aber wenn du diese Schritte mit Ausdauer und Engagement angehst, wirst du erfolgreich Liveauftritte generieren können!

Wenn du als Band erfolgreich sein willst, musst du deinen Proberaum verlassen und auf die Bühne gehen. Doch wie schaffst du es, mehr Auftritte zu ergattern? Hier sind vier Regeln, die dir dabei helfen:

1. Sei aktiv statt passiv: Eine schöne Website allein reicht nicht aus, um gebucht zu werden. Du musst aktiv werden und potenzielle Locations recherchieren, Mail- und Telefonkontakt aufnehmen und Bewerbungsfristen beachten. Nur so schaffst du Bedarf nach deiner Band und erhöhst deine Giganzahl.

2. Sei einzigartig: Stelle sicher, dass dein Projekt aus der Masse heraussticht. Biete etwas Besonderes, das andere

Musiker oder Bands nicht haben. Das kann eine außergewöhnliche Bühnenshow, ein einzigartiger Sound oder ein originelles Konzept sein.

3. Sei professionell: Achte auf ein professionelles Auftreten, sowohl auf als auch neben der Bühne. Das bedeutet, dass du pünktlich bist, deine Ausrüstung in Ordnung ist und du dich gut auf den Auftritt vorbereitet hast. Auch im Umgang mit Veranstaltern und Fans solltest du professionell und freundlich auftreten.

4. Sei vernetzt: Nutze Social Media, um deine Band bekannter zu machen und Kontakte zu knüpfen. Vernetze dich mit anderen Bands, Veranstaltern und Fans und baue so dein Netzwerk aus.

Viele Newcomerbands hängen immer noch am Postweg fest, wenn es um Bandbewerbungen geht. Dabei ist das doch längst veraltet und kostet unnötig viel Geld für Demo-CDs und Drucksachen. Und was bringt's? Nichts! Um heute erfolgreich zu sein, musst du modern denken und handeln. Nutze das Telefon, E-Mail oder das Internet, um deine Band zu bewerben. Und wenn du nicht weißt, wie du strategisch vorgehen sollst, keine Sorge. Die Reihenfolge ist einfach und immer gleich.

Du möchtest potenzielle Kontakte für dich begeistern, die für Events buchen oder in Zusammenarbeit mit dir Konzerte planen und Radiosender, die deine Songs spielen. Um diese

Fans zu gewinnen und langfristig an dich zu binden, ist es wichtig, dass du nicht nur gute Musik machst, sondern auch eine starke Präsenz in den sozialen Medien hast. Denn heutzutage geht nichts mehr ohne Instagram-Posts von der Bühne oder Twitter-Updates über neue Projekte. Die Social-Media-Kanäle sind ein wichtiger Bestandteil deiner Marketingstrategie als Musiker/in. Aber wie schafft man es nun wirklich erfolgreich auf diesen Plattformen?

Hier einige Tipps:

1) Sei authentisch: Zeige den Menschen hinter der Musik. Poste Bilder aus dem Studioalltag oder teile persönliche Geschichten mit deinen Followern.

2) Nutze Hashtags: Mit relevanten Hashtags erreichst Du potenzielle Fans außerhalb deines direkten Netzwerks und erhöhst somit deine Reichweite.

3) Interagiere mit anderen Usern: Kommentiere Beiträge anderer Künstler/innen oder beantworte Fragen von Followern – das zeigt Engagement und stärkt die Bindung zu deinem Publikum

4) Veröffentliche regelmäßig neuen Content: Bleibe präsent in den Feeds deiner Follower durch kontinuierliches Teilen neuer Inhalte (wie z.B. Fotos vom Tour-Leben)

5) Setze auf visuelle Reize: Videos, GIFs, Bilder - alles, was auffällt bleibt besser hängen! Mit einer starken Social-Media-Präsenz kannst du also gezielt neue Fans ansprechen sowie

bestehende halten. Zudem können Veranstalter sehen, dass du bereits eine gewisse Reichweite hast und somit für Events interessanter wirst. Also: Nicht nur gute Musik machen, sondern auch online sichtbar sein!

Wenn du diese Dinge befolgst, wirst du bald mehr Auftritte ergattern und deine Karriere als Musiker vorantreiben. Also verlasse deinen Proberaum mit diesen Tipps und rocke die Bühne!

4.2 Eventlocations- und Veranstalterrecherche

Hey, um als Top Band bei potenziellen Veranstaltern Eindruck zu schinden, musst du natürlich wissen, wo du diese finden kannst. Deine Geheimwaffe ist (nicht erschrecken) Facebook! Falls du noch keinen Account hast, wird's höchste Zeit, einen anzulegen, um alle wichtigen Features freizuschalten. Zur Not tut's auch ein Fake-Account. Warum? Es gibt zwar massig Plattformen für Bands, um ihre Musik zu präsentieren und auf sich aufmerksam zu machen, aber nur eine Plattform, auf der die meisten Bands präsent sind und Werbung für sich machen: Facebook.

Liste dein Musikprojekt bei Künstleragenturen

Um dein Projekt bei Künstleragenturen zu listen, gibt es verschiedene Möglichkeiten. Eine Option ist es, eine Liste von Agenturen zusammenzustellen und diese direkt anzuschreiben oder anzurufen. Hierbei solltest du darauf achten, dass die Agentur auch tatsächlich für deine Art von Musik zuständig ist.

Eine weitere Möglichkeit wäre es, dich bei Online-Plattformen wie Gigmit, Sonicbids ect. zu registrieren. Dort kannst du dein Musikprojekt präsentieren und dich für Auftritte bewerben. Diese Plattformen sind bei vielen Künstleragenturen bekannt und werden oft genutzt, um neue Talente zu entdecken.

Es ist auch wichtig, dass du eine aussagekräftige Demo-CD oder einen Link zu deiner Musik bereitstellst. So können sich die Agenturen ein Bild von deinem Projekt machen und entscheiden, ob es in ihr Portfolio passt. Eine gut gemachte Website ist nicht zu unterschätzen, wenn zu Beginn auch eine Facebookseite reichen würde. Die Website sollte folgendes beinhalten: kurze Beschreibung Deines Projektes, Hörproben, wenn möglich kurze gute Videosequenzen (die Lust auf mehr machen), Fotos, Referenzen und Pressestimmen sowie Kontakt und Impressum.

Zusätzlich solltest du darauf achten, professionell aufzutreten und deine Ziele klar zu kommunizieren. Eine gute Vorbereitung kann dabei helfen, den richtigen Eindruck zu hinterlassen und so die Chancen auf eine Zusammenarbeit mit einer Künstleragentur zu erhöhen. Es gibt mehrere Möglichkeiten sein Musikprojekt bei Künstleragenturen vorzustellen. Mit der richtigen Strategie kannst du hilfreiche Kontakte knüpfen und langfristig Erfolg haben! Dort kannst du dein Projekt präsentieren und gezielt nach passenden Bookings suchen.

Außerdem lohnt sich immer ein Blick auf regionale Veranstalter und Festivals. Oftmals sind diese auf der Suche nach lokalen Bands und können dir erste Auftrittsmöglichkeiten bieten.

Wichtig ist jedoch immer eine professionelle Präsentation deines Projekts mit einer aussagekräftigen Biografie sowie Audio- und Videomaterialien zur Veranschaulichung deiner musikalischen Fähigkeiten.

Also, schnapp dir Stift und Papier oder, wenn du eher der moderne Typ bist, eine Excel-Tabelle, und stürz dich ins Facebook-Getümmel. Such dort nach Bands in deiner Nähe. Check die Facebookseite der ersten Band und guck unter "Veranstaltungen", in welchen Locations die Jungs und Mädels so abrocken. Schreib dir erstmal nur die Namen der Veranstaltungsorte auf und auf einem Extra-Blatt oder in einem Notiz-Dokument die Bandnamen der anderen Bands, die am selben Abend dort spielen. Wiederhole diesen Schritt für mehrere Bands. Die weiteren Bandnamen dienen als Sprungbrett für die weitere Suche nach potenziellen Auftrittsorten. Für diesen Schritt solltest du ungefähr eine Stunde einplanen.

Nach dieser Basisrecherche geht's ans Eingemachte: die Detailrecherche. Dabei siehst du dir jeden Auftrittsort genauer an. Erweitere deine Tabelle um folgende Spalten:

Der Name des Veranstaltungsortes, die Stadt, die Mailadresse, die Website, der Ansprechpartner, die Telefonnummer, die Bewerbungskonditionen und der aktuelle Stand.

Jetzt musst du nur noch die Daten in deine Tabelle einpflegen. Nutze dafür am besten die Google-Suche, um auf die Websites der Auftrittsorte zu gelangen. Die Mailadresse findest du meist unter „Kontakt" oder „Impressum", ebenso wie den Namen des Ansprechpartners und die Telefonnummer. Oft gibt es auch einen speziellen Bereich für Bookinganfragen.

Notiere dir auch die Bewerbungskonditionen oder Fristen, falls vorhanden. Wenn du keine Website findest, versuch es über Facebook.

Sobald du eine solche Datenbank aufgebaut hast, bist du anderen Bands in Sachen Bandbewerbungen um Meilen voraus. Und du hast eine solide Ausgangsbasis geschaffen, um zukünftig viel schneller und effektiver deine Bandbewerbungen durchzuführen.

4.3 Deine Bewerbung

Im Zeitalter der Digitalisierung, rate ich ab von postalischer Bewerbung bei Künstleragenturen oder potenziellen Veranstaltern. Stattdessen empfehle ich eine digitale Bewerbung, die professionell und überzeugend gestaltet ist. Hierbei sollten alle relevanten Informationen wie Erfahrungen, Referenzen, Spielzeit und Arbeitsproben übersichtlich dargestellt werden. Ein weiterer wichtiger Faktor ist der Schreibstil. Dieser sollte klar, präzise und ansprechend sein. Vermeide unnötige Fachbegriffe oder zu lange Sätze.
Insgesamt gilt: Eine gelungene digitale Bewerbung mit einem überzeugenden Schreibstil kann Dir dabei helfen mit deiner Karriere als Künstler durchzustarten! Eine zeitgemäße und vielversprechende Bewerbung per E-Mail für deine Band besteht aus verschiedenen Komponenten. Nach einer kurzen Begrüßung sollten die wichtigsten Informationen über deine Band (Ursprung, Geschichte, Musikstil, Spielzeit, Bandbeschreibung) präsentiert werden.

Um dem Veranstalter einen schnellen Überblick über die bisherigen Gigs zu geben, ist eine Liste mit den Auftritten hilfreich, wenn es schon welche gab. Sollte dies nicht der Fall sein, klingt es auch gut, wenn man allgemeine Spielorte angibt, auf welche die Band oder das Projekt passen („Die Band ist das perfekte Highlight für Stadtfeste, Firmenfeiern, Jugendclubs" ect.). Oder ihr lasst die Historie einfach weg und konzentriert euch auf die anderen coolen Teile eurer Mail.

Ansonsten gilt: Euer musikalisches Schaffen sollte vollständig sein und sowohl vergangene als auch zukünftige Konzerte beinhalten. Klar, am Anfang ist es vielleicht nicht leicht, eine epische Konzerthistorie vorzuweisen, aber hey, selbst 3-4 regionale Gigs können zeigen, dass ihr schon mal die Bühnen gerockt habt. Und wisst ihr was? Manche Veranstalter suchen sogar nach kleinen lokalen Bands, um die Lücken in ihren Konzertreihen zu füllen. Die Referenzen für eure Gigs enthalten normalerweise nicht mehr als das Datum des Auftritts, den Namen der Location und der Veranstaltung.

Checkliste für die Auftrittschronik

- Datum des Auftritts

- Stadt

- Name der Location, evt. der Veranstaltung

Eine persönliche Anrede mit dem Vornamen ist angemessen und empfehlenswert bei Clubbewerbungen, da eine zu formelle Begrüßung als übertrieben gilt. Ein freundliches "Hallo Max, ..." ist vollkommen ausreichend. Bei allen anderen Veranstaltern (Eventagenturen, Künstlermanagern, Kurverwaltungen, Hotels ect.) ist eine stilvolle Anrede zu wählen. Auch sowas wie: „Liebes Team der Kurverwaltung, ..." macht sich gut und klingt sympathisch.
Solltest du jedoch an einen traditionellen Veranstalter geraten, der E-Mail-Bewerbungen als unpersönlich empfindet, solltest du erwähnen, dass du auch bereit bist,

Material auf dem Postweg zu versenden. Hierfür reicht ein kleines nettes Anschreiben mit einem Foto des Projekts, einer kleinen, aber aussagekräftigen Beschreibung mit Zeitangabe der Show sowie eine kurze Demo CD oder eine DVD mit kleinen Videosequenzen. Aber wie gesagt, Werbung auf dem Postweg wird sehr selten angefragt. Es gibt diverse Möglichkeiten im Internet kostenlos Flyer oder auch Plakate zu erstellen. Zum Teil musst du hier nicht einmal selbst kreativ werden, denn es gibt viele Vorlagen wie zum Beispiel bei Canvas, Postermywall ect. Solch einen Flyer kannst du dann gern als Anhang in der E-Mail mitversenden. Die Musikrichtung sollte eindeutig und bekannt sein, damit der Veranstalter schnell erkennen kann, ob die Band für die Veranstaltung geeignet ist, auch ohne, dass er bereits einen Song gehört hat. Zu dem Thema Positionierung gibt es einige Tipps in diesem Buch für dich. Weiterhin ist es wichtig, dass die E-Mail einen professionellen und ansprechenden Eindruck macht. Eine saubere Formatierung und eine klare Strukturierung der Informationen erleichtern dem Veranstalter das Lesen und Verarbeiten der Inhalte.

Zudem sollte die E-Mail-Bewerbung eine klare Handlungsaufforderung enthalten, wie beispielsweise die Bitte um eine Rückmeldung oder eine Einladung zu einem Gespräch oder einem Probetermin. Hierbei ist es wichtig, höflich und professionell zu bleiben und dem Empfänger genügend Zeit zu geben, um auf die Anfrage zu reagieren. Ein weiterer wichtiger Aspekt bei der E-Mail-Bewerbung ist die Gestaltung des E-Mail-Fußes. Hier sollten die Kontaktdaten des Projektes, wie beispielsweise eine E-Mail-

Adresse oder eine Telefonnummer, sowie eventuell ein Link zur Band-Website oder zu den Social-Media-Profilen aufgeführt sein. Insgesamt gilt bei der Erstellung einer E-Mail-Bewerbung: Klarheit, Professionalität und eine ansprechende Gestaltung sind der Schlüssel zum Erfolg. Mit einer gut strukturierten und präzisen Bewerbung kann man sich von anderen abheben und ein positives Bild beim Veranstalter hinterlassen.

Ein aussagekräftiger Betreff kann dazu beitragen, dass die E-Mail schneller und gezielter gefunden wird. Verwende einen prägnanten Betreff, der das Hauptanliegen deiner Bewerbung oder die Art der Veranstaltung deutlich macht. Beispielsweise könntest du schreiben: "Bewerbung als Band für Live-Auftritte auf Stadtfesten" oder "Anfrage für musikalische Unterhaltung bei Firmenevents". Ein klar formulierter Betreff erleichtert dem Empfänger das Sortieren und Priorisieren seiner E-Mails und erhöht die Wahrscheinlichkeit, dass deine Bewerbung schnell beachtet wird.

Klare Positionierung

Zum Schluss darfst du keinesfalls vergessen, das Resultat der E-Mail- oder der telefonischen Bandbewerbung festzuhalten, denn: Je mehr Bewerbungen, desto chaotischer wird's. Schnapp dir dafür deine Excel-Tabelle (oder die kostenlose Alternative: OpenOffice) und notiere alle wichtigen Kontaktdaten und Gesprächs-Highlights. Mit dieser strukturierten Herangehensweise bescherst du deiner

Band eindeutig mehr Auftritte als mit einem planlosen Umherstolpern auf diversen Baustellen.

Um aus deinem Proberaum rauszukommen, musst du systematisch vorgehen. Wenn dein Projekt oder deine Band einen Musikstil hat, der schwer zu definieren, individuell und ein Mix aus allem Möglichen ist, ist das kein Problem. Aber wenn du das bei Bewerbungen nach außen trägst, wird es schwierig. Konzertveranstalter haben Pläne und suchen Bands aus bestimmten Genres. Wenn du eine Musikrichtung angibst, die keiner kennt, wird es schwierig für sie zu planen. Um mehr Gigs zu bekommen, mach es ihnen leicht und gib deiner Musik einen Namen, den jeder versteht. Eine der wichtigsten Marketingregeln, um aus deinem Proberaum zu kommen, ist also: Kommuniziere ein eindeutiges Genre!

Die Bedeutung eines klaren Genres für den Erfolg

In vielen Clubs finden regelmäßig Konzerte statt, insbesondere auch für aufstrebende Künstler. Oftmals werden diese Veranstaltungen nach einem bestimmten Musikstil ausgerichtet, wie zum Beispiel Metall-Event, Jazz-Serie, Punkrock-Abend oder 70er-Jahre-Feier (natürlich mit kreativeren Titeln). Daher ist es naheliegend, dass für einen "Metall-Event" Metallbands benötigt werden und für einen "Punkrock-Abend" Punkrockbands.

Wenn dein Projekt bzw. ihr als Band also eindeutig einem Genre zuzuordnen seid, wie zum Beispiel Metal, erhöht dies eure Chancen, einen Auftritt in solchen thematisch ausgerichteten Veranstaltungen zu ergattern. Ein klar definierter Musikstil ist somit ein wichtiger Faktor, um eure Präsenz auf der Bühne zu sichern und eurem Publikum ein überzeugendes Erlebnis zu bieten.

Als eine Band beispielsweise, die von Stoner-Metal-Grindcore beeinflusst ist, aber hauptsächlich Metal macht, kann es schwierig sein, sich bei Veranstaltern durchzusetzen. Oft erhalten sie viele Bewerbungen und hören sich nur Bands an, die in ihr Genre passen. Deshalb ist es von Vorteil, in eine Schublade zu passen, um leichter zugeordnet und vermarktet zu werden. Wenn auf dem Flyer eine klare Zielgruppe steht, ist es einfacher, potenzielle Konzertbesucher anzulocken. Also mach es allen so einfach wie möglich, wenn du an Gigs kommen willst. Wenn du denkst, dass deine Band zu vielseitig ist, frag doch einfach mal Freunde oder andere Musiker, ob sie der gleichen Meinung sind.

Erkundige dich bei ihnen, welches Genre sie für euch als passend empfinden und mit welchen Künstlern sie euch in Verbindung bringen würden. Sollte dies immer noch keine klare Antwort liefern, hinterfrage dich selbst, welche musikalische Stilrichtung vorrangig (stärker als andere) in eurem Schaffen vertreten ist, und führe diese bei euren Bandbewerbungen als euer Genre auf. Dadurch sind mehr Auftritte gewiss.

4.4 Profilierung in sozialen Netzwerken

Instagram

Um als Musiker über Instagram bekannt zu werden und Konzerte zu generieren, ist es wichtig, das Potenzial der Plattform zu nutzen, da sie eine große Zielgruppe anspricht, darunter auch eine beträchtliche Anzahl junger Nutzer. Durch eine strategische Herangehensweise kannst du deine Präsenz auf Instagram aufbauen und dein Publikum ansprechen. Hier ist ein Konzept, wie du dies erreichen kannst:

1. Zielgruppe ansprechen: Instagram zieht eine breite Palette von Nutzern an, darunter viele junge Menschen im Alter von 18 bis 34 Jahren. Indem du deine Inhalte und Botschaften an diese Altersgruppe ausrichtest, kannst du ihre Aufmerksamkeit gewinnen und eine Verbindung zu ihnen aufbauen.
2. Profiloptimierung: Gestalte dein Instagram-Profil professionell und attraktiv. Wähle ein aussagekräftiges Profilbild und optimiere deine Bio, um deine musikalische Identität und deine wichtigsten Informationen zu präsentieren. Verlinke auch deine Musik und andere Social-Media-Profile, um deine Präsenz zu stärken.
3. Kreativer Content: Erstelle hochwertigen und ansprechenden Content, der deine Musik und Persönlichkeit widerspiegelt. Teile kurze Musikausschnitte, Akustik-Cover, Behind-the-Scenes-

Einblicke oder Videos von Live-Auftritten. Experimentiere mit verschiedenen Formaten, wie z. B. Bildern, Videos oder Stories, um deine Inhalte vielfältig und interessant zu gestalten.

4. Hashtags nutzen: Nutze relevante Hashtags, um deine Reichweite zu erhöhen und potenzielle Fans anzuziehen. Recherchiere nach beliebten Hashtags in deiner musikalischen Nische und füge sie deinen Beiträgen hinzu. Achte jedoch darauf, nicht zu viele Hashtags zu verwenden und wähle gezielt diejenigen aus, die am besten zu deiner Musik passen.

5. Interaktion mit der Community: Sei aktiv auf Instagram und baue eine Community auf, indem du auf Kommentare antwortest, Likes verteilst und mit anderen Nutzern interagierst. Beteilige dich an musikalischen Diskussionen, folge anderen Musikern und vernetze dich mit relevanten Akteuren in der Branche. Durch diese Interaktion kannst du eine loyale Fangemeinde aufbauen und dich als Musiker etablieren.

6. Kooperationen mit Influencern: Suche nach Influencern auf Instagram, die eine große Anzahl von Followern haben und eine ähnliche Zielgruppe ansprechen. Überlege, ob du mit ihnen kooperieren kannst, indem du deine Musik in ihren Inhalten einbindest oder sie darum bittest, über deine Konzerte zu sprechen. Dadurch erreichst du potenziell neue Hörer und baust deine Bekanntheit weiter aus.

7. Instagram Stories nutzen: Nutze die Funktion der Instagram Stories, um regelmäßig Updates, Einblicke

und Ankündigungen mit deiner Community zu teilen.
Mache Countdowns für bevorstehende Konzerte,
führe Umfragen durch oder teile hinter den Kulissen
Aufnahmen, um das Interesse deiner Follower zu
wecken und sie über deine Aktivitäten auf dem
Laufenden zu halten.

8. Konzertpromotion: Nutze Instagram,

TIKTOK

Ist deine Zielgruppe jung und aktiv auf TikTok? Möchtest du
als Musiker über diese Plattform bekannt werden und
Konzerte generieren? Hier sind einige wichtige Schritte, die
dir dabei helfen können.

Gerade in einer Zeit des fortgeschrittenen Internets und der
sozialen Medien haben Musiker eine fantastische
Möglichkeit, über TikTok große Bekanntheit zu erlangen und
Konzerte zu generieren. Die Nutzung dieser Plattform
erfordert jedoch eine strategische Herangehensweise und
kreative Inhalte, um das Publikum zu fesseln und eine treue
Fangemeinde aufzubauen. Hier sind einige Schritte, die dir
helfen können über TikTok berühmt zu werden und
Konzerte zu generieren:

Verstehe die Plattform: Nimm dir Zeit, um TikTok zu
verstehen, seine Funktionsweise, Trends und Kultur. Je
besser du die Plattform kennst, desto besser kannst du
Inhalte erstellen, die auf TikTok erfolgreich sind.

Entwickle deine Identität: Finde deinen einzigartigen Stil und präsentiere dich authentisch auf TikTok. Betone deine musikalische Persönlichkeit und erstelle Inhalte, die eine Verbindung zu deinem Publikum herstellen.

Erstelle ansprechende Inhalte: Produziere hochwertige und kreative Videos, die das Interesse der Nutzer wecken. Experimentiere mit verschiedenen Videoformaten und bleibe dabei stets auf dem neuesten Stand der TikTok-Trends.

Nutze Hashtags und Trends: Nutze relevante Hashtags und schließe dich aktuellen TikTok-Trends an, um deine Reichweite zu erhöhen. Bleibe dabei jedoch authentisch und finde Möglichkeiten, dich von anderen Künstlern abzuheben.

Interagiere mit der Community: Sei aktiv auf TikTok, kommentiere und like Videos anderer Nutzer, beantworte Kommentare und baue eine treue Fangemeinde auf. Kooperiere auch mit anderen TikTok-Künstlern, um deine Reichweite zu erweitern.

Nutze die Live-Funktion: Gehe live auf TikTok, um direkt mit deinem Publikum in Kontakt zu treten. Verwende diese Gelegenheit, um Ankündigungen zu machen, Fragen zu beantworten oder exklusive Live-Performances zu zeigen.

Promote deine Konzerte: Nutze TikTok, um deine bevorstehenden Konzerte zu bewerben. Teile Ausschnitte von Live-Auftritten, ermutige deine Fans, Tickets zu kaufen und biete möglicherweise exklusive Rabatte oder VIP-Optionen für TikTok-Follower an.

Arbeite mit Influencern zusammen: Kooperiere mit TikTok-Influencern, die eine große Anzahl von Followern haben und eine ähnliche Zielgruppe ansprechen. Lass sie deine Musik verwenden oder über deine Konzerte sprechen, um die Bekanntheit deiner Musik zu steigern.

Verlinke deine Musik und Social-Media-Profile: Stelle sicher, dass deine Musik in deinem TikTok-Profil verlinkt ist und verweise auf deine anderen Social-Media-Profile, um deine Präsenz auf verschiedenen Plattformen zu stärken.

Analysiere und optimiere deine Strategie: Überwache deine TikTok-Analytics, um Einblicke in die Performance deiner Videos zu erhalten. Experimentiere mit verschiedenen Inhalten und Taktiken, um herauszufinden, was bei deiner Zielgruppe am besten funktioniert, und passe deine Strategie entsprechend an.

Durch die konsequente Anwendung dieser Schritte und die kontinuierliche Interaktion mit deiner TikTok-Community kannst du als Musiker über TikTok an Bekanntheit gewinnen und Konzerte generieren. Denke daran, dass es Zeit und Engagement erfordert, um erfolgreich zu sein. Mit Kreativität, Ausdauer und der Fähigkeit, dich den aktuellen Trends anzupassen, kannst du jedoch eine wachsende Fangemeinde aufbauen und Möglichkeiten für Livekonzerte schaffen.

Darüber hinaus gibt es noch einige weitere Möglichkeiten, um deine TikTok-Präsenz zu stärken und Konzerte zu generieren:

Nutze TikTok-Ads: Erwäge die Nutzung von TikTok-Ads, um deine Musik und Konzerte einem breiteren Publikum zu präsentieren. Du kannst gezielte Werbekampagnen erstellen, um deine Inhalte hervorzuheben und neue Fans anzuziehen.

Biete exklusiven Content an: Verwende TikTok, um exklusiven Content anzubieten, der nur deinen treuesten Fans zugänglich ist. Das können zum Beispiel Backstage-Einblicke, Akustikversionen oder limitierte Merchandise-Artikel sein. Das Schaffen eines exklusiven Erlebnisses für deine TikTok-Follower wird ihre Bindung zu dir stärken und ihre Unterstützung für deine Livekonzerte steigern.

Nutze den TikTok For Artists Hub: Melde dich beim TikTok For Artists Hub an, einer Plattform, die speziell für Musiker entwickelt wurde. Dort erhältst du Zugriff auf nützliche Tools, Ressourcen und Statistiken, um deine TikTok-Strategie zu verbessern und die Performance deiner Inhalte zu verfolgen.

Verbinde dich mit lokalen Communities: Nutze TikTok, um dich mit lokalen Communities von Musikfans und Veranstaltern zu vernetzen. Suche nach relevanten Hashtags, Standorten und Veranstaltungen in deiner Region und engagiere dich aktiv in den Diskussionen. Dadurch kannst du lokale Unterstützer gewinnen und potenzielle Livekonzerte in deiner Umgebung generieren.

Kooperiere mit Veranstaltern und Musiklabels: Nutze TikTok, um auf dich aufmerksam zu machen und zeige Veranstaltern und Musiklabels, dass du ein engagierter und talentierter Musiker bist. Teile Videos von beeindruckenden Live-Auftritten, biete exklusive Previews deiner Musik an und knüpfe Verbindungen mit relevanten Kontakten in der Musikindustrie.

Biete interaktiven Content an: Erstelle interaktiven Content, der die Zuschauer dazu ermutigt, aktiv teilzunehmen. Führe Challenges durch, starte Umfragen oder frage nach Songwünschen für deine Livekonzerte. Indem du deine Fans einbeziehst und auf ihre Interaktion reagierst, baust du eine engere Bindung auf und erhöhst die Chancen auf gut besuchte Konzerte.

Verfolge deine Ergebnisse und lerne daraus: Analysiere regelmäßig deine TikTok-Analytics, um zu verstehen, welche Inhalte gut funktionieren und welche weniger erfolgreich sind.

TikTok oder Instagram?

TikTok oder Instagram - welche Plattform eignet sich besser für Newcomer-Musiker, um Livekonzerte zu generieren? Diese Frage lässt sich nicht eindeutig beantworten, da beide Plattformen ihre Vor- und Nachteile haben. Es hängt von verschiedenen Faktoren ab, wie deine Zielgruppe, deine kreativen Fähigkeiten und deine Marketingstrategie.

Wenn deine Zielgruppe vor allem aus jungen Menschen besteht, insbesondere Teenagern und jungen Erwachsenen, könnte TikTok die richtige Wahl sein. TikTok hat eine große Anzahl junger Nutzer, die offen für neue Musik und künstlerische Inhalte sind. Die kurzen und unterhaltsamen Videos auf TikTok bieten die Möglichkeit, schnell viral zu gehen und eine große Reichweite zu erzielen. Du kannst kreative Clips erstellen, die auf TikTok-Trends aufbauen und dich als Musiker präsentieren.

Auf der anderen Seite hat Instagram eine breitere Altersspanne und zieht Nutzer unterschiedlichen Alters an. Wenn deine Zielgruppe nicht ausschließlich jung ist, bietet Instagram eine Plattform, um sowohl jüngere als auch ältere Fans anzusprechen. Mit Instagram kannst du nicht nur Fotos und Videos teilen, sondern auch Stories, IGTV und Live-Streams nutzen. Diese Vielfalt an Inhalten ermöglicht es dir, deine Musik auf verschiedene Weise zu präsentieren und eine engagierte Community aufzubauen.

Letztendlich kommt es darauf an, wie du deine Inhalte auf den jeweiligen Plattformen präsentierst und wie gut du deine Zielgruppe erreichen kannst. Beide Plattformen bieten Tools zur Analyse und zum Tracking deiner Leistung, sodass du deine Strategie entsprechend optimieren kannst. Du kannst auch beide Plattformen kombinieren und eine Cross-Promotion betreiben, um deine Reichweite zu maximieren.

Insgesamt gibt es keinen eindeutigen Gewinner in der Debatte zwischen TikTok und Instagram für die Generierung von Livekonzerten. Es kommt darauf an, deine Zielgruppe zu kennen, deine Inhalte kreativ zu gestalten und deine Marketingbemühungen kontinuierlich anzupassen, um das Beste aus beiden Plattformen herauszuholen.

Die Wahl der Musikrichtung kann auch eine Rolle bei der Entscheidung zwischen TikTok und Instagram spielen. Beide Plattformen haben unterschiedliche Vorlieben und Trends, wenn es um bestimmte Musikgenres geht.

TikTok ist bekannt für seine Vielfalt an musikalischen Trends und Herausforderungen. Hier können verschiedene Genres erfolgreich sein, solange sie den Trends der Plattform entsprechen. Besonders beliebt sind Pop, Hip-Hop, EDM, Trap und R&B. Diese Genres haben eine große Anhängerschaft auf TikTok und bieten die Möglichkeit, virale Hits zu schaffen. Wenn deine Musik in diese Kategorien fällt oder du in der Lage bist, musikalische Elemente aus diesen Genres einzubauen, kann TikTok eine gute Wahl sein, um deine Musik bekannt zu machen und Fans für deine Konzerte zu gewinnen.

Instagram hingegen bietet eine breitere Palette von Musikgenres, die erfolgreich sein können. Von Pop über Rock bis hin zu Country und Indie - Instagram-Nutzer haben verschiedene musikalische Vorlieben. Es kann hilfreich sein, die Musikrichtung zu analysieren, die deiner Zielgruppe am besten entspricht. Wenn du zum Beispiel eine Band im Indie-

Rock-Genre bist, könntest du auf Instagram eine engagierte Fangemeinde finden, die dein Sound und deine musikalische Ästhetik schätzt. Nutze Instagram, um Einblicke in deine musikalische Reise zu geben, Live-Performances zu teilen und eine Verbindung zu gleichgesinnten Musikliebhabern aufzubauen.

Es ist jedoch wichtig zu beachten, dass dies nur allgemeine Beobachtungen sind und keine starren Regeln. Die Musikwelt ist vielfältig und es gibt immer Raum für innovative und einzigartige Klänge. Die Plattformen bieten Möglichkeiten, neue Genres zu erkunden und ein Publikum anzusprechen, das offen für neue musikalische Erfahrungen ist.

Letztendlich geht es darum, deine eigene künstlerische Identität zu finden und die Plattform zu nutzen, die am besten zu deiner Musik und deiner Zielgruppe passt.

Gerade TikTok und Instagram bieten aufgrund ihrer Medienformate von Bild und Ton auch Raum für kreative und verrückte Ideen, um als Musiker aufzufallen und viral zu werden. Die Medienlandschaft entwickelt sich ständig weiter, und Musiker haben die Möglichkeit, neue und unkonventionelle Wege zu gehen, um ihre Musik zu präsentieren und ihr Publikum zu begeistern.

Ein virales Musikvideo kann beispielsweise über TikTok oder Instagram verbreitet werden und zu einem exponentiellen Wachstum der Fangemeinde führen. Indem du ein einzigartiges visuelles Konzept entwickelst, das sich von der Masse abhebt und die Aufmerksamkeit der Nutzer auf sich zieht, kannst du deine Musik und deine Persönlichkeit erfolgreich präsentieren.

Darüber hinaus bieten diese Plattformen Raum für kreative Zusammenarbeit mit anderen Künstlern oder Influencern. Indem du beispielsweise eine gemeinsame Tanz-Challenge mit einem beliebten TikTok-Star machst oder eine Kollaboration mit einem bekannten Instagram-Influencer in Erwägung ziehst, kannst du deine Musik einer breiten Masse präsentieren und neue Fans gewinnen.

Auch das Experimentieren mit verschiedenen Formaten, wie beispielsweise das Teilen von kurzen akustischen Snippets, Cover-Versionen oder die Interpretation von aktuellen Trends auf deine eigene Art und Weise, kann zu unerwartetem Erfolg führen. Denke immer daran, dass Originalität und Kreativität Schlüssel zum Erfolg auf diesen Plattformen sind.

Letztendlich sind TikTok und Instagram aufgrund ihrer Vielseitigkeit und ihrer Fähigkeit, bild- und tonbasierte Inhalte zu teilen, immer noch offene Räume für Musiker, um verrückte Ideen auszuprobieren und virale Hits zu erzielen. Indem du mutig bist, deine Persönlichkeit zeigst und dich von der Masse abhebst, kannst du die Aufmerksamkeit eines breiten Publikums auf dich ziehen.

Hier gibt es ein paar lustige und kreative Ideen, um bei Tiktok oder Instagram als Musiker viral zu gehen. Lass dich inspirieren:

- Tanze zu deiner eigenen Musik auf einer ungewöhnlichen Location, wie zum Beispiel auf einem Parkplatz oder in einem Supermarkt.
- Führe eine Choreografie vor, bei der du mit Gegenständen jonglierst, während du singst.
- Erstelle ein Musikvideo, indem du als Puppentheater-Figur auftrittst und deine Musik zum Leben erweckst.
- Parodiere bekannte Songs, indem du die Texte komplett umdrehst und sie mit absurden Inhalten füllst.
- Spiele ein Instrument mit ungewöhnlichen Gegenständen, wie zum Beispiel mit Gemüse oder Haushaltsgegenständen.
- Verkleide dich als verschiedene Charaktere und führe eine musikalische Comedy-Sketchshow auf.
- Kreiere einen Remix aus verschiedenen Tiergeräuschen und baue ihn in deine Musik ein.
- Verwende visuelle Effekte, um dich selbst zu klonen und ein virtuelles Chor-Ensemble zu bilden.
- Erschaffe eine lustige Geschichte mit Hilfe von Stop-Motion-Animation, in der deine Musik die Hintergrundmusik ist.
- Führe einen "Flashmob" auf der Straße durch, bei dem du und deine Fans gemeinsam zu deiner Musik tanzen.

- Spiele einen Song rückwärts und erstelle eine witzige Handlung, die auf die verkehrte Musik abgestimmt ist.
- Erstelle ein lustiges Musikvideo, indem du dich als Superheld verkleidest und die Welt mit deiner Musik rettest.
- Singe einen bekannten Song, aber ersetze alle Worte durch Tierlaute.
- Führe ein Konzert in ungewöhnlichen Kostümen auf, wie zum Beispiel als Astronaut oder als Tier.
- Präsentiere deine Musik auf einem ungewöhnlichen Instrument, wie zum Beispiel auf Gläsern oder Töpfen und Pfannen.
- Erstelle ein "Karaoke-Battle" mit deinen Fans, bei dem ihr gemeinsam bekannte Songs nachsingt.
- Führe eine verrückte Playback-Performance durch, bei der du deine Musik live synchronisierst und dazu absurde Bewegungen machst.
- Erstelle einen Remix deines Songs, bei dem du unerwartete Geräusche, wie beispielsweise das Quietschen einer Tür oder das Klappern von Besteck, integrierst.
- Verwandle dich mit Hilfe von Make-up und Kostümen in verschiedene Popkultur-Charaktere und führe eine musikalische Parodie auf.
- Organisiere ein virtuelles "Luftinstrumente-Konzert", bei dem du und deine Fans eure Musikinstrumente nur mimisch spielen.

Diese Ideen sind nur einige Beispiele dafür, wie du als Musiker mit verrückten und lustigen Inhalten bei TikTok oder Instagram viral gehen kannst. Sei kreativ, authentisch und hab Spaß dabei, deine Musik auf eine einzigartige und unterhaltsame Weise zu präsentieren.

4.5 Bezahltes Marketing

Als Musiker gibt es verschiedene Social Media-Plattformen, auf denen du Werbung schalten kannst, abhängig von deinen Zielen, deiner Zielgruppe und der Art deiner Musik. Hier sind einige beliebte Plattformen und Faktoren, die du berücksichtigen solltest:

Facebook: Facebook ist eine der größten Social Media-Plattformen mit einer breiten Nutzerbasis und umfangreichen Werbemöglichkeiten. Es eignet sich gut, um eine breite Zielgruppe anzusprechen und Werbung basierend auf demografischen Merkmalen, Interessen und Verhaltensweisen zu schalten.

Instagram: Instagram ist eine visuelle Plattform, die sich besonders für die Promotion von Musik mit ansprechenden Bildern und Videos eignet. Wenn du eine jüngere und mittlere Zielgruppe ansprechen möchtest oder deine Musik visuell präsentieren möchtest, kann Instagram eine gute Wahl sein.

YouTube: YouTube ist die größte Video-Plattform und bietet Möglichkeiten, Werbung in Form von Anzeigen während oder nach Videos zu schalten. Wenn du musikalische Inhalte wie Musikvideos, Song-Cover oder Live-Auftritte hast, kann YouTube eine effektive Plattform sein, um deine Musik zu bewerben.

Spotify: Spotify ist eine der führenden Musik-Streaming-Plattformen. Als Musiker kannst du dort gezielt Werbung schalten, um deine Musik einer breiten Nutzerbasis vorzustellen und neue Hörer zu gewinnen. Spotify bietet verschiedene Werbeformate, wie z.B. Audio-Anzeigen oder Anzeigen in Playlists.

Die Wahl der Plattform hängt von verschiedenen Faktoren ab, darunter:

- Zielgruppe: Überlege, auf welchen Plattformen sich deine Zielgruppe hauptsächlich aufhält. Welche Social Media-Plattformen nutzen sie am häufigsten?
- Art der Musik: Je nach Genre und Stil deiner Musik können bestimmte Plattformen besser geeignet sein, um deine Musik zu präsentieren. Zum Beispiel kann eine visuell geprägte Band von Instagram profitieren, während ein Singer-Songwriter auf YouTube oder Spotify aufmerksam machen kann.
- Werbebudget: Die Kosten für Werbung können auf den verschiedenen Plattformen variieren. Berücksichtige dein Budget und vergleiche die Preise

und Reichweite, um die passende Plattform zu wählen.

Es kann auch sinnvoll sein, eine Kombination aus verschiedenen Plattformen zu nutzen, um eine größere Reichweite zu erzielen und verschiedene Zielgruppen anzusprechen. Teste und analysiere die Ergebnisse, um herauszufinden, welche Plattformen für deine Musik am effektivsten sind.

Auch die Werbung auf Google Ads kann sehr effektiv sein, um die Bekanntheit eines Musikers zu steigern und sein Publikum zu erweitern. Allerdings hängt der Erfolg dieser Strategie stark von den schon angesprochenen verschiedenen Faktoren ab, wie der Qualität der Musik, dem Genre, der Zielgruppe und dem Budget für die Werbung.

Es ist wichtig zu beachten, dass Werbung allein nicht ausreicht, um eine erfolgreiche Karriere als Musiker aufzubauen. Es ist auch wichtig, in andere Marketing- und Promotionsstrategien zu investieren, wie z.B. die Veröffentlichung von Musikvideos, den Aufbau einer starken Social-Media-Präsenz und die Zusammenarbeit mit anderen Künstlern und Labels.

Um den Erfolg von Werbekampagnen zu maximieren ist die Zielgruppenbestimmung mit das wichtigste Werkzeug. Dies kann durch Marktforschung und Analyse von Social-Media-Plattformen und anderen Websites erreicht werden. Mit diesen Informationen kann eine effektive Werbekampagne erstellt werden, die auf die Zielgruppe passend zu deiner Musik abzielt.

Insgesamt kann Werbung auf Google Ads, Facebook und Co. eine effektive Strategie sein, um deine musikalische Karriere voranzutreiben.

Hier sind einige Tipps für die Schaltung von Werbekampagnen für Musiker auf Facebook:

-   Definiere die Zielgruppe: Bevor du eine Werbekampagne auf Facebook startest, ist es wichtig, die Zielgruppe zu definieren. Überlege dir, wer deine Musik hört und wer die Fans sein könnten.
-   Verwende Facebook Audience Insights, um deine Zielgruppe genauer zu definieren und herauszufinden, welche Interessen und Demografien die Zielgruppe hat.
-   Erstelle ansprechende Anzeigen: die Anzeigen müssen auffällig und ansprechend sein, um Aufmerksamkeit zu erregen.
-   Verwende hochwertige Bilder oder Videos und stelle sicher, dass der Text klar und prägnant ist. Experimentiere mit verschiedenen Anzeigenformaten wie Bildern, Videos oder Karussellanzeigen, um herauszufinden, was am besten funktioniert.
-   Verwende A/B-Tests, um verschiedene Versionen der Anzeigen zu testen und die besten Ergebnisse zu erzielen.

- Nutze Facebook Pixel: Facebook Pixel ist ein Tracking-Code, der auf deiner Website installiert wird und dir hilft, den Erfolg deiner Kampagne zu messen. Verwende Pixel, um Conversions auf deiner Website zu verfolgen und deine Kampagne zu optimieren.
- Setze ein Budget fest: Lege ein Budget für deine Kampagne fest und überwache die Ergebnisse. Stelle sicher, dass du genügend Budget hast, um deine Anzeigen für einen längeren Zeitraum zu schalten und genügend Daten zu sammeln, um deine Kampagne zu optimieren.
- Nutze Remarketing: Nutze Remarketing, um Personen anzusprechen, die bereits Interesse an deiner Musik gezeigt haben. Verwende Remarketing-Anzeigen, um diese Personen wiederzubeleben und sie zu einer Conversion auf deine Website zu führen.
- Überwache deine Kampagne: Überwache deine Kampagne regelmäßig, um sicherzustellen, dass du deine Ziele erreichst und das Budget nicht überschreitest.
- Überprüfe deine Metriken wie Klickrate, Conversion-Rate und Kosten pro Conversion, um herauszufinden, was funktioniert und was nicht. Passen deine Kampagne entsprechend an und optimieren sie kontinuierlich, um bessere Ergebnisse zu erzielen.
- Verwende Call-to-Actions: Verwende in deinen Anzeigen klare und ansprechende Call-to-Actions, um Menschen dazu zu bewegen, deine Musik zu hören oder deine Website zu besuchen. Verwende Aufforderungen wie "Jetzt anhören", "Abonniere

unseren Kanal" oder "Kaufe jetzt", um die Conversion-Rate zu erhöhen.

- Verwende gezielte Werbung, um Menschen in bestimmten Regionen oder Altersgruppen anzusprechen. Wenn du zum Beispiel weisst, dass deine Musik in bestimmten Regionen besonders beliebt ist, kannst du deine Anzeigen gezielt auf diese Regionen ausrichten.
- Verwende Video-Content, um deine Anzeigen ansprechender zu gestalten und eine bessere Engagement-Rate zu erzielen. Erstelle Musikvideos oder kurze Clips, um Menschen neugierig auf deine Musik zu machen und deine Kampagne effektiver zu gestalten.

Insgesamt ist es wichtig, deine Zielgruppe ganz genau zu kennen und ansprechende Anzeigen zu erstellen, um erfolgreich auf Facebook zu werben. Überwache deine Kampagne regelmäßig und passe sie entsprechend an, um bessere Ergebnisse zu erzielen.

Tipps für die Schaltung von Werbekampagnen für Musiker auf Google Ads:

1. Definiere auch hier genau deine Zielgruppe: Wie bei Facebook ist es wichtig, die Zielgruppe auf Google Ads zu definieren, bevor du eine Kampagne startest. Verwenden Keyword-Recherche-Tools, um zu sehen, welche Keywords deine Zielgruppe verwendet, um nach deiner Musik zu suchen. Verwende dann diese

Keywords, um deine Anzeigen auf Google Ads zu platzieren.

2. Verwende Keyword-Optionen:Verwende auf Google Ads verschiedene Keyword-Optionen, um sicherzustellen, dass die Anzeigen nur von Personen gesehen werden, die an deiner Musik interessiert sind. Nutze zum Beispiel exakte Keywords, damit deine Anzeigen nur von Personen gesehen werden, die genau nach diesem Keyword suchen.

3. Nutze Anzeigenerweiterungen: Nutze Anzeigenerweiterungen, um mehr Platz auf der Seite von Google Ads zu nutzen und deine Anzeigen auffälliger zu gestalten. Verwende Erweiterungen wie Sitelinks, um mehrere Links auf deiner Website zu zeigen, oder Preiserweiterungen, um deine Show, Musik oder Merchandising Artikel direkt in deiner Anzeige zu bewerben.

4. Setze ein Budget fest: Lege ein Budget für deine Kampagne fest und überwache die Ergebnisse. Stelle sicher, dass du genügend Budget hast, um deine Anzeigen für einen längeren Zeitraum zu schalten und genügend Daten zu sammeln, um die Kampagne zu optimieren.

5. Verwende Remarketing: Wie bei Facebook ist es auch auf Google Ads sinnvoll, Remarketing zu verwenden, um Personen anzusprechen, die bereits Interesse an deiner Musik gezeigt haben. Verwende Remarketing-Anzeigen, um diese Personen wieder zu interessieren und sie zu einer Conversion auf deiner Website zu führen.

6. Überwache deine Kampagne: Überwache deine Kampagne regelmäßig, um sicherzustellen, dass du deine Ziele erreichst und das Budget nicht überschreitest. Überprüfe deine Metriken wie Klickrate, Conversion-Rate und Kosten pro Conversion, um herauszufinden, was funktioniert und was nicht. Passe deine Kampagne entsprechend an und optimiere sie kontinuierlich, um bessere Ergebnisse zu erzielen.

7. Verwende Anzeigengruppen: Erstelle Anzeigengruppen, um deine Anzeigen auf bestimmte Themen oder Produkte auszurichten. Auf diese Weise kannst du sicherstellen, dass deine Anzeigen nur von Personen gesehen werden, die an diesem Thema oder Produkt interessiert sind.

8. Verwende Conversion-Tracking: Verwende Conversion-Tracking, um zu sehen, wie viele Personen deine Anzeigen tatsächlich in Aktion umsetzen. Verwende diese Daten, um deine Kampagne zu optimieren und deine Marketingstrategie anzupassen.

Wenn du Werbekampagnen für dein Projekt auf Instagram schalten möchtest, gibt es auch einige wichtige Tipps, die dir helfen können, erfolgreich zu sein:

1. Definiere deine Zielgruppe: Bevor du deine Werbekampagne startest, solltest du dir darüber im Klaren sein, wer deine Zielgruppe ist. Welche Altersgruppe und Interessen haben deine Fans? Erstelle ein detailliertes Profil deiner Zielgruppe, um

sicherzustellen, dass du deine Werbung an die richtigen Menschen richten.

2. Verwende ansprechende visuelle Elemente: Instagram ist ein visuelles Medium, daher solltest du sicherstellen, dass deine Werbung ansprechende visuelle Elemente enthält, die potenzielle Fans ansprechen. Verwende hochwertige Fotos, Grafiken und Videos, um deine Botschaft zu vermitteln.

3. Verwende Hashtags: Verwende relevante Hashtags, um deine Zielgruppe zu erreichen und deine Reichweite zu erhöhen. Achte jedoch darauf, nicht zu viele Hashtags zu verwenden, da dies als Spam angesehen werden kann.

4. Setze auf Story-Ads: Story-Ads eignen sich hervorragend für Musiker, um ihre Musik zu bewerben. Verwende kreative Elemente wie Animationen oder GIFs, um deine Anzeige hervorzuheben.

5. Nutze Influencer-Marketing: Influencer-Marketing ist eine großartige Möglichkeit, um deine Musik zu bewerben. Suche nach Influencern, die deine Zielgruppe ansprechen und arbeite mit ihnen zusammen, um deine Musik zu bewerben.

6. A/B-Testen: Teste verschiedene Anzeigen, um zu sehen, welche besser funktionieren. Verwende A/B-Tests, um verschiedene Anzeigenelemente wie Bilder, Texte und Call-to-Actions zu testen und die Leistung deiner Anzeigen zu optimieren.

7. Verwende Call-to-Actions: Füge Call-to-Actions zu deinen Anzeigen hinzu, um potenzielle Fans zu

ermutigen, auf deine Anzeige zu klicken und sich für deine Musik zu interessieren. Verwende klare und prägnante Texte wie "Jetzt anhören" oder "Streamen Sie jetzt", um deine Zielgruppe anzusprechen.

8. Überwache deine Kampagne: Überwache regelmäßig die Leistung deiner Anzeigen, um sicherzustellen, dass du deine Ziele erreichst. Passe deine Kampagne bei Bedarf an, um die bestmöglichen Ergebnisse zu erzielen.

Ich habe mich vorerst auf drei der größten Online-Werbemöglichkeiten konzentriert. Falls du jedoch noch weitere Weiterbildungsmöglichkeiten benötigst: Es gibt eine Vielzahl an Schulungen, Workshops und Online-Kursen, die dir helfen können, Dein Wissen und deine Fähigkeiten im Bereich Online-Marketing zu erweitern. Ich empfehle Dir, dich regelmäßig weiterzubilden, um immer auf dem neuesten Stand zu sein und deine Werbekampagnen optimal zu gestalten.

Bei der Budgetierung deiner Werbekosten ist es wichtig, einen klaren Plan zu haben und das Budget sorgfältig auf verschiedene Werbekanäle zu verteilen. Eine gründliche Recherche und Zielgruppenanalyse helfen dabei, die richtigen Werbeplattformen auszuwählen. Zudem sollten klare Ziele definiert werden, um den Erfolg der Kampagnen zu messen. Die Unterstützung eines professionellen Medienmanagements ist von unschätzbarem Wert, um das Werbebudget effektiv einzusetzen und maßgeschneiderte Strategien zu entwickeln. Allerdings sollte man bedenken, dass damit Kosten verbunden sind. Eine Kombination aus selbstständigem Lernen und gezielten Beratungen kann zu einem guten Ergebnis führen und dabei helfen, das Werbebudget effizient zu nutzen.

Kapitel 5: Konzertorganisation DIY

5.1 Vorüberlegungen & Ticketverkauf

Ein erstes eigenes Konzert selbst zu organisieren ist ein aufregender Meilenstein für jeden Musiker oder jede Band. Es ist die Chance, dein Talent live zu präsentieren, dein Publikum zu begeistern und hoffentlich ein paar Fans zu gewinnen, die beim nächsten Konzert wieder kommen und durch Mund zu Mund Propaganda noch mehr Fans generieren. Damit dein erstes Konzert ein Erfolg wird, habe ich hier einige hilfreiche Tipps für dich zusammengestellt:

Um die Herausforderung zu meistern, erfordert es einer sorgfältigen Planung und Vorbereitung, um sicherzustellen, dass das Konzert reibungslos abläuft und ein Erfolg wird.

Ein wichtiger Aspekt ist die Budgetierung. Bestimme ein realistisches Budget für dein Konzert. Berücksichtige dabei Kosten wie Miete für den Veranstaltungsort, technisches Equipment, Marketing, Bühnendekoration, Sound- und Lichttechniker sowie mögliche Gagen für unterstützende Künstler. Es ist wichtig, dass du ein Budget festlegst und die Ausgaben im Auge behältst, um finanzielle Engpässe zu vermeiden.

Bei der Auswahl des Veranstaltungsorts sollte ein Ort gewählt werden, der zu deiner Musik und der erwarteten Anzahl von Zuschauern passt. Berücksichtige Faktoren wie Kapazität, Akustik, Bühnengröße und verfügbare technische Einrichtungen. Prüfe auch die Verfügbarkeit des

Veranstaltungsorts an deinem Wunschtermin und vergewissere dich, dass er für das gewünschte Publikum leicht erreichbar ist. Es kann ratsam sein, mit einer kleineren Location zu starten, um eine intime Atmosphäre zu schaffen und ein begeistertes Publikum anzuziehen.

Informiere dich über die erforderlichen Genehmigungen und Versicherungen für das Konzert. Je nach Veranstaltungsort und Art der Veranstaltung können verschiedene rechtliche und sicherheitsrelevante Vorschriften gelten. Beantrage rechtzeitig die erforderlichen Genehmigungen und stelle sicher, dass du oder der VA-Ort über die angemessene Haftpflichtversicherung verfügen, um mögliche Risiken abzudecken.

Die Zusammenstellung des Line-ups ist ein weiterer wichtiger Schritt. Entscheide, ob du als Hauptakt auftreten oder andere Künstler einladen möchtest, um dein Konzert zu unterstützen. Wenn du andere Künstler einlädst, stelle sicher, dass sie gut zur Stimmung und dem Stil deines Konzerts passen. Berücksichtige auch deren Verfügbarkeit, Gagen und technische Anforderungen.

Eine erfolgreiche Vermarktung und Promotion sind entscheidend, um Zuschauer anzuziehen. Entwickle eine Marketingstrategie, um das Konzert bekannt zu machen. Nutze Online-Kanäle wie soziale Medien, deine Website und Musikplattformen, um das Konzert anzukündigen. Erstelle ansprechende Grafiken und Videos, um die Aufmerksamkeit der potenziellen Zuschauer zu gewinnen. Nutze auch lokale Medien, um das Konzert zu bewerben.

Entscheide, ob du Tickets im Voraus verkaufen möchten oder ob der Eintritt frei ist. Wenn du Tickets verkaufen möchtest, wähle eine Ticketing-Plattform, die deinen Anforderungen entspricht. Achte darauf, dass der Ticketverkauf einfach und benutzerfreundlich ist. Es gibt verschiedene Ticketing-Plattformen wie z. Bsp. Eventbrite, Ticketmaster oder Eventim, die dir dabei helfen können, den Verkauf und die Verwaltung der Tickets zu erleichtern. Vergleiche die Funktionen, Gebührenstrukturen und Möglichkeiten der verschiedenen Plattformen, um diejenige auszuwählen, die am besten zu deinen Bedürfnissen passt.

Eine weitere wichtige Überlegung ist die Gestaltung des Ticketpreises. Berücksichtige dabei Faktoren wie die Kosten für die Veranstaltung, das Potenzial der Einnahmen und den Wert, den deine Musik bietet. Untersuche auch unbedingt die Preise vergleichbarer Konzerte, um eine angemessene Preisstruktur festzulegen. Du kannst auch verschiedene Ticketkategorien einführen, z. B. VIP-Tickets mit zusätzlichen Vorteilen oder Frühbucherrabatte, um das Interesse und die Ticketverkäufe zu steigern.

Die Early-Bird-Methode ist auch eine beliebte Strategie, um Menschen zum Kauf von Konzerttickets zu motivieren. Indem du spezielle Frühbucherangebote und Rabatte anbietest, erzeugst du einen Anreiz für potenzielle Käufer, Tickets frühzeitig zu erwerben. Hier sind einige Tipps, wie du die Early-Bird-Methode effektiv einsetzen kannst, um zum Kauf von Konzerttickets anzuregen:

- Frühbucherrabatte: Biete einen attraktiven Preisnachlass für Personen, die ihre Tickets frühzeitig erwerben. Dies kann ein fester Geldbetrag oder ein prozentualer Rabatt sein. Stelle sicher, dass der Frühbucherrabatt deutlich sichtbar kommuniziert wird, um das Interesse der potenziellen Käufer zu wecken.
- Limitierte Stückzahl: Setze eine begrenzte Anzahl von Early-Bird-Tickets fest. Durch die Begrenzung der Verfügbarkeit erzeugst du einen gewissen Druck und eine gewisse Exklusivität, was die Leute dazu motivieren kann, schnell zu handeln, um ihre Tickets zu sichern.
- Zeitlich begrenztes Angebot: Lege einen klaren Zeitrahmen fest, innerhalb dessen die Early-Bird-Tickets erhältlich sind. Dies kann beispielsweise eine Woche oder ein bestimmtes Datum sein. Durch die zeitliche Begrenzung schaffst du ein Gefühl von Dringlichkeit und animierst die Menschen dazu, ihre Entscheidung schnell zu treffen.
- Exklusive Vorteile: Biete den Early-Bird-Käufern zusätzliche Vorteile an, die sie von späteren Käufern unterscheiden. Das können zum Beispiel der Zugang zu exklusiven Meet-and-Greet-Veranstaltungen mit der Band, signierte Merchandise-Artikel oder VIP-Pässe für besondere Bereiche des Konzerts sein.

Diese exklusiven Extras steigern den Wert der Early-Bird-Tickets und motivieren die Menschen zum Kauf.

- Gezielte Promotion: Bewerbe das Early-Bird-Angebot über verschiedene Kanäle, um die Reichweite zu maximieren. Nutze deine Social - Media-Profile, deine Website, E-Mail-Newsletter und lokale Veranstaltungskalender, um auf das Angebot aufmerksam zu machen. Verwende ansprechende Grafiken, Videos oder Teaser, um das Interesse der potenziellen Käufer zu wecken.
- Influencer-Marketing: Arbeite mit relevanten Influencern oder bekannten Persönlichkeiten zusammen, die deine Zielgruppe ansprechen. Lasse sie das Early-Bird-Angebot bewerben und ihre Follower dazu ermutigen, Tickets frühzeitig zu kaufen. Die Unterstützung von Influencern kann die Sichtbarkeit und Glaubwürdigkeit deines Angebots erhöhen.
- Erinnerungen senden: Sende Push-Benachrichtigungen oder Erinnerungs-E-Mails an Personen, die sich für dein Konzert interessiert haben, aber noch keine Tickets gekauft haben. Informiere sie darüber, dass das Early-Bird-Angebot in Kürze ausläuft, um sie zum Handeln zu bewegen.

Indem du die Early-Bird-Methode geschickt einsetzt, kannst du das Interesse und die Kaufbereitschaft der Menschen für deine Konzerttickets steigern. Es ist wichtig, dass du die Vorteile und den Mehrwert des Angebots klar kommunizierst und den potenziellen Käufern einen klaren Anreiz zum frühen Kauf gibst.

Um das Konzert zu promoten, solltest du also eine umfassende Marketingstrategie entwickeln. Auch hier kommen Social-Media-Plattformen wie Facebook, Instagram, Twitter und YouTube zum Einsatz, um Ankündigungen zu machen, Teaser-Videos oder Hörproben zu veröffentlichen und deine Fans auf dem Laufenden zu halten. Erstelle ein professionelles Poster oder Flyer, dass du in lokalen Musikgeschäften, Cafés und anderen relevanten Orten aushängen kannst. Nutze auch E-Mail-Marketing, um bestehende Fans und Unterstützer direkt anzusprechen und ihnen exklusive Angebote oder Updates zu bieten.

5.2 Öffentlichkeitsarbeit

5.2.1 Presse & Radio

Die Zusammenarbeit mit lokalen Medien ist für dich und dein Musikprojekt entscheidend, insbesondere wenn du ein erstes Livekonzert planst. Lokale Medien haben eine starke Verbindung zur Gemeinschaft und können dabei helfen, die Bekanntheit und Reichweite deines Musikprojekts zu erhöhen.

Ein erster Schritt besteht darin, eine Liste der relevanten lokalen Medienkanäle zu erstellen, wie beispielsweise Zeitungen, Radiosender und Online-Musikblogs. Du kannst recherchieren, welche Medien in deiner Stadt oder Region für die Berichterstattung über Musikveranstaltungen bekannt sind.

Sobald du die Liste hast, kannst du Kontakt zu den Redakteuren oder Journalisten aufnehmen und ihnen Informationen über dein Musikprojekt und das bevorstehende Livekonzert zusenden. Eine gut formulierte Pressemitteilung mit allen relevanten Details wie Datum, Veranstaltungsort, Line-Up und einer kurzen Beschreibung deiner Musik wird helfen, ihr Interesse zu wecken.

Es ist auch wichtig, ihnen eine Kostprobe deiner Musik zur Verfügung zu stellen. Eine Demo-CD, ein Link zu deiner Musik auf einer Streaming-Plattform oder sogar ein kurzer Videoclip können dabei helfen, deinen Sound und Stil zu präsentieren.

Zusätzlich zur Pressemitteilung könntest du auch anbieten, Interviews oder Live-Auftritte in lokalen Radiosendern zu geben. Das würde nicht nur dazu beitragen, dein Musikprojekt bekannter zu machen, sondern auch eine persönlichere Verbindung zur Hörerschaft herstellen.

Darüber hinaus kannst du die sozialen Medien nutzen, um deine bevorstehende Veranstaltung zu bewerben. Du kannst ankündigen, dass du auftrittst, lokale Musikgruppen markieren und die Unterstützung deiner Fans und Follower bitten, die Nachricht über das Konzert zu teilen.

Die Zusammenarbeit mit lokalen Medien kann eine Win-Win-Situation sein. Sie erhalten interessante Geschichten über aufstrebende lokale Künstler, während du die Möglichkeit hast, dein Musikprojekt einem breiteren Publikum vorzustellen. Durch diese Zusammenarbeit kann dein erstes Livekonzert ein Erfolg werden und den Grundstein für weitere Auftritte und Erfolge legen.

Biete ihnen an, Interviews oder Live-Auftritte zu machen, um zusätzliche Promotion zu erhalten. Eine positive Berichterstattung in den Medien kann dazu beitragen, die Bekanntheit deiner Musik und deines Konzerts zu steigern.

Nutze die Chance, lokale Medien als Sprachrohr zu nutzen und das Publikum für dein Event zu begeistern. Stelle Preise für ein Quiz zur Verfügung oder verlose Freikarten, um das Interesse der Zuhörer zu wecken und sie zu deinem Konzert einzuladen.

Denke daran, dass lokale Medien oft eine enge Verbindung zur Gemeinschaft haben und als vertrauenswürdige Quelle gelten. Indem du sie einbindest, kannst du das Interesse und die Unterstützung der lokalen Musikszene gewinnen. Sorge dafür, dass deine Pressemitteilungen relevant und gut geschrieben sind, um die Aufmerksamkeit der Medien zu erregen. Hier gebe ich dir einige Inputs, wie du die Pressemitteilung verfassen kannst:

Beispiel einer seriösen Pressemitteilung:

[Name des Musikers] präsentiert ein mit Spannung erwartetes Livekonzert!

[Stadt, Datum] - Der aufstrebende Musiker [Name des Musikers] wird am [Datum] sein mit Spannung erwartetes Livekonzert im [Veranstaltungsort] geben. Mit seinem einzigartigen Sound und energiegeladenen Auftritten hat sich [Name des Musikers] bereits einen Namen in der lokalen Musikszene gemacht. Das Konzert verspricht eine unvergessliche Show, bei der Fans die Gelegenheit haben, [Name des Musikers] in Aktion zu erleben. Mit Unterstützung von talentierten Gastkünstlern wird diese Veranstaltung ein absolutes Highlight für Musikliebhaber und Fans sein. Sichern Sie sich jetzt Ihre Tickets und seien Sie Teil dieser außergewöhnlichen musikalischen Reise!

Beispiel einer witzigen Pressemitteilung:

Ein Konzert, das den Spaß nicht in den Schatten stellt: [Name des Musikers] rockt die Bühne!

[Stadt, Datum] - Es ist Zeit, Ihre Tanzschuhe zu schnüren und Ihre Stimmbänder vorzubereiten, denn der talentierte Newcomer [Name des Musikers] bringt den ultimativen Partysound in die Stadt! Seien Sie bereit für eine Nacht voller mitreißender Beats, eingängiger Melodien und einer Stimmung, die Sie aus den Socken hauen wird. Mit seinem einzigartigen Mix aus Rock, Pop und einer Prise Funk wird [Name des Musikers] sicherstellen, dass niemand stillstehen kann. Also lassen Sie Ihre Sorgen zuhause, bringen Sie Ihre Freunde mit und tauchen Sie ein in eine unvergessliche Party, bei der das Motto lautet: "Rock on, Baby!"

Beispiel einer motivierenden Pressemitteilung:

[Name des Musikers] bringt das Feuer auf die Bühne: Ein Konzert, das Sie inspirieren wird!

[Stadt, Datum] - Steigen Sie ein in die Energiebombe, die [Name des Musikers] auf der Bühne zündet! Mit einer Kombination aus kraftvollen Texten, mitreißenden Gitarrenriffs und einer Bühnenpräsenz, die Ihre Sinne in Flammen setzt, wird [Name des Musikers] Sie auf eine musikalische Reise mitnehmen, die Sie nicht mehr vergessen werden. Dieses Konzert ist nicht nur ein einfacher Gig, sondern ein Aufruf zur Entfesselung Ihrer Leidenschaften und Träume. Seien Sie bereit, sich von der Magie der Musik mitreißen zu lassen und Ihr eigenes Feuer zu entfachen. Kommen Sie und lassen Sie sich inspirieren - es ist Zeit, Ihre Träume zu leben und lautstark zu rocken!

Zu einer Pressemitteilung können verschiedene Elemente gehören, um das Interesse der Medien zu wecken und Informationen über das Konzert bereitzustellen. Hier sind einige zusätzliche Komponenten, die oft in Pressemitteilungen verwendet werden:

1. Kontaktdaten: Füge am Anfang der Pressemitteilung die Kontaktdaten einer Ansprechperson hinzu, die für

Rückfragen und weitere Informationen zur Verfügung steht.

2. Kurze Künstlerbiografie: Eine prägnante Beschreibung des Künstlers/ Band, einschließlich musikalischer Einflüsse, bisheriger Erfolge oder relevanter Hintergrundinformationen.

3. Konzertdetails: Gib alle relevanten Informationen zum Konzert an, wie Datum, Uhrzeit, Veranstaltungsort und Ticketpreise.

4. Line-Up: Wenn es Gastkünstler oder Support-Acts gibt, erwähne diese und gib einen kurzen Überblick über ihre Musik.

5. Zitate: Zitate können verwendet werden, um die Stimmung und Bedeutung des Konzerts zu unterstreichen. Dies können Zitate von Musikern, Veranstaltern oder sogar von Fans sein, die bereits mit dem Künstler vertraut sind.

6. Pressefotos: Füge hochwertige Fotos des Künstlers oder der Band hinzu, die für die Berichterstattung verwendet werden können. Diese Fotos sollten das Image und den Stil des Künstlers repräsentieren.

7. Musikbeispiele: Füge Links zu Musikbeispielen oder Streaming-Plattformen hinzu, damit Journalisten einen Eindruck von der Musik des Künstlers erhalten können.

8. Social-Media-Links: Füge Links zu den Social-Media-Profilen des Künstlers hinzu, um den Journalisten die Möglichkeit zu geben, weitere Informationen zu finden und das Konzert auf ihren eigenen Plattformen zu teilen.

Du kannst in der Pressemitteilung erwähnen, dass eine begrenzte Anzahl von Freikarten für Journalisten oder als Teil einer Verlosung für das Publikum zur Verfügung steht. Es ist wichtig zu beachten, dass nicht alle Elemente in jeder Pressemitteilung erforderlich oder relevant sind. Die Auswahl der Elemente sollte auf das spezifische Konzert, den Künstler/ Band und die Zielgruppe der Pressemitteilung abgestimmt sein.

5.2.2 Nutzung der sozialen Netzwerke

Nutze dann auch soziale Medien, um die lokale Medienberichterstattung zu teilen und das Interesse der Zuhörer weiter zu steigern. Indem du die lokale Presse und die Macht der sozialen Medien kombinierst, kannst du eine effektive Promotionstrategie entwickeln, die dir dabei hilft, eine größere Zielgruppe zu erreichen und somit mehr Menschen zu deinem Konzert zu locken.

Hier habe ich noch ein paar schöne Ideen für dich, wie du schnell neue Follower für deine Konzertankündigungen generieren kannst und damit eine größere Gruppe für dein Konzert erreichst. Du kannst für neue Posts aus folgenden Inhalten auswählen:

1. „Verlosung! Du kannst hier exklusive Backstage-Pässe für mein Konzert auf meinen Social-Media-Kanälen gewinnen! Teile den Beitrag und markiere zwei Freunde, um teilzunehmen." #BackstagePass #Gewinnspiel

2. „Lade deine Freunde zu meinem Konzert ein und gewinne VIP-Tickets! Teile dieses Bild und erzähle uns, warum du unbedingt dabei sein möchtest. Verwende den Hashtag #VIPKonzert und markiere mich. Viel Glück!"

3. „Mach mit bei unserem Quiz und gewinne Freikarten für mein Konzert! Beantworte die folgende Frage richtig: [Frage einfügen]. Kommentiere deine Antwort und markiere einen Freund, der dich begleiten soll." #KonzertQuiz #GewinneFreikarten

4. „Teile dieses Video auf deinem Profil und gewinne ein signiertes Merchandise-Paket meines Konzerts! Vergiss nicht, mich zu markieren und den Hashtag #MerchGewinnspiel zu verwenden. Viel Glück!"

5. „Rufe meine Hotline unter [Telefonnummer] an und gewinne Meet & Greet-Pässe für mein Konzert! Hinterlasse uns eine Nachricht und erzähle uns, warum du ein Treffen mit mir haben möchtest. Wir wählen einen glücklichen Gewinner aus." #MeetAndGreet #GewinnePässe

6. „Mach mit bei unserem Fotowettbewerb und gewinne Tickets für mein Konzert! Poste ein Bild von dir, das deine Begeisterung für meine Musik zeigt. Verwende den Hashtag #KonzertFieber und markiere mich. Der beste Beitrag gewinnt!"

7. „Teile diese Veranstaltung auf deiner Facebook-Seite und gewinne eine exklusive Konzert-Erfahrung! Schreibe in die Kommentare, warum du unbedingt dabei sein möchtest. Verwende den Hashtag

#UnvergesslichesKonzert und markiere einen Freund, den du mitnehmen möchtest."

8. „Nimm an unserer Spotify-Playlist-Challenge teil und gewinne Tickets für mein Konzert! Erstelle eine Playlist mit deinen Lieblingssongs und teile sie mit uns. Verwende den Hashtag #KonzertPlaylist und tagge mich. Die beste Playlist wird belohnt!"

9. „Werde Teil unserer Online-Street-Team-Aktion und gewinne eine exklusive Konzertüberraschung! Teile dieses Bild auf deinem Profil und erzähle uns, wie du meine Musik verbreiten möchtest. Verwende den Hashtag #StreetTeam und markiere uns."

10. „Gewinne ein exklusives Skype-Gespräch mit mir vor meinem Konzert! Schreibe in die Kommentare, warum du dieses besondere Erlebnis verdienst. Verwende den Hashtag #SkypeMitKünstlername und markiere einen Freund, der auch dabei sein möchte."

5.2.3 TV

Als Newcomer kannst du es schaffen, TV-Auftritte in Vorbereitung auf dein erstes Konzert zu ergattern! Klar, es ist keine leichte Aufgabe, aber mit der richtigen Strategie und einer ordentlichen Portion Humor kannst du es schaffen.

Fang damit an, die TV-Landschaft zu erforschen. Finde heraus, welche Shows zu deiner Musikrichtung passen und wo du dich präsentieren könntest.
Als nächstes geht es an die Kontaktaufnahme. Versuche die Namen der Produzenten oder Redakteure der Shows

herauszufinden und tritt mit ihnen in Kontakt.
Präsentiere dich von deiner besten Seite.
Erstelle ein beeindruckendes Pressekit, das dein Talent,
deine Persönlichkeit und deine einzigartige Musik zum
Ausdruck bringt. Aber bitte kein Duckface auf dem Foto!

Um E-Mail-Adressen und Ansprechpartner von TV-
Produktionen zu finden, kannst du die offiziellen Websites
der TV-Sender und -Produktionen besuchen. Dort findest du
oft Kontaktdetails. Zusätzlich kannst du Online-Verzeichnisse
und Branchenportale durchsuchen oder über Social Media
den TV-Sendern folgen, um mögliche Kontaktdaten zu
finden. Networking und persönliche Kontakte in der Branche
können ebenfalls hilfreich sein. Falls alle Stricke reißen,
kannst du auch direkt Anfragen an die TV-Sender oder
Produktionsfirmen stellen.

Recherchiere in Branchenevents, Messen oder Konferenzen,
bei denen TV-Produzenten präsent sind. Dort kannst du
direkt mit ihnen in Kontakt treten und nach ihren
Kontaktdaten fragen.

Verfolge Medienveröffentlichungen und Fachzeitschriften
der Medienbranche. Dort findest du möglicherweise
Informationen über Produzenten und deren Kontaktdaten,
die dir bei der Kontaktaufnahme behilflich sein können.

Nutze professionelle Netzwerke wie LinkedIn, um nach TV-
Produzenten zu suchen und Kontakte herzustellen. Vernetze

dich mit ihnen und frage höflich nach den entsprechenden Kontaktdaten.

Wende dich an Verbände, Organisationen oder Gewerkschaften in der Medienbranche, die möglicherweise Verzeichnisse oder Kontaktlisten von Produzenten führen. Dort kannst du nach entsprechenden Ansprechpartnern und Kontaktdaten fragen.

Frage in deinem persönlichen Netzwerk nach Empfehlungen oder Kontakten zu TV-Produzenten. Oftmals können persönliche Verbindungen helfen, den direkten Kontakt herzustellen oder dich an die richtigen Personen weiterzuleiten.

Bedenke jedoch, dass nicht alle TV-Produzenten ihre Kontaktdaten öffentlich zugänglich machen. In solchen Fällen kann es hilfreich sein, einen Agenten oder Manager zu haben, der bei der Kontaktaufnahme unterstützt und die entsprechenden Kontakte hat.

Um die TV-Sendungen zu überzeugen, solltest du den "Wow"-Faktor einbringen. Erzähle ihnen von deiner unwiderstehlichen Bühnenpräsenz, deinem Charme und Talent, das Publikum in den Bann zu ziehen. Und wenn das nicht reicht, versuche es mit einem magischen Zaubertrick!

Sei bereit, auch kleinere Auftritte anzunehmen. Manchmal muss man eben im Kaninchenkostüm auftreten, um eine lokale Kindersendung aufzupeppen. Sieh es als Chance, dich zu zeigen und dich weiterzuentwickeln.

Nutze deine Kontakte in der Musikbranche, um Empfehlungen zu bekommen oder Verbindungen zu TV-Produzenten herzustellen. Ein paar schmeichelnde Worte können manchmal Wunder bewirken!

Baue eine starke Online-Präsenz auf und beeindrucke die TV-Produzenten mit deinem YouTube-Kanal oder deinen Social-Media-Posts. Teile lustige und unterhaltsame Inhalte, um Aufmerksamkeit zu erregen. Wer kann schon einem Musikvideo mit tanzenden Katzen widerstehen?

Gib nicht auf und bleibe hartnäckig. Verfolge deine Anfragen und zeige dein Interesse. Manchmal braucht es etwas Zeit, bis man eine Antwort erhält. Also gib nicht auf!

Wenn du die Chance bekommst, in einer TV-Sendung aufzutreten, bereite dich vor wie ein echter Rockstar. Übe deine Performance, perfektioniere deine Tanzmoves und sei bereit, das Publikum zu begeistern. Denk daran, ein cooles Bühnenoutfit zu wählen - Glitzer geht immer!

5.2.4 Interviewvorbereitung

Hey, wenn du es geschafft hast deinen ersten Auftritt, ob als Interview oder erstes kleines Konzert etc. zu ergattern, ist es enorm wichtig, dass es richtig gut läuft und du menschlich wie auch künstlerisch punktest. Die Vorbereitung auf ein TV-Interview als Newcomer ist daher entscheidend, um einen positiven und professionellen Eindruck zu hinterlassen. Hier sind einige wertvolle Tipps zur Vorbereitung:

Kenne dein Publikum: Auch hier ist es äußerst wichtig, dich im Voraus über die Zielgruppe der TV-Sendung zu informieren und deine Botschaft entsprechend anzupassen. Denke darüber nach, welche Aspekte deiner Musik und deiner Geschichte für die Zuschauer relevant und interessant sein könnten.

Deine Hauptbotschaft: Definiere die Kernaussage, die du vermitteln möchtest, und bereite entsprechende Schlüsselaussagen vor. Überlege, welche Kernbotschaften deine Musik oder deine Persönlichkeit verkörpern und wie du diese überzeugend kommunizieren kannst.

Übe das Interview: Mache Probedurchläufe des Interviews, entweder allein oder mit einem Freund oder Mentor. Stelle sicher, dass du präzise und klare Antworten auf mögliche Fragen geben kannst.

Bleibe authentisch: Sei du selbst und zeige deine Persönlichkeit während des Interviews. Das Publikum möchte den echten Menschen hinter der Musik kennenlernen, also sei aufrichtig und vermeide übermäßiges "Schauspielern".

Achte auf deine Körpersprache: Sei dir bewusst über deine Körperhaltung, Gestik und Mimik. Halte Blickkontakt mit dem Moderator und den Zuschauern, um Vertrauen und Engagement zu zeigen.

Bleibe ruhig und konzentriert: Auch wenn es aufregend ist, sei ruhig und fokussiert während des Interviews. Vermeide es, zu schnell zu sprechen oder nervös zu wirken. Atme tief durch und nimm dir Zeit, bevor du antwortest. Dadurch kannst du klar und überlegt reagieren und vermeidest es, Hektik oder Unsicherheit zu zeigen. Denke daran, dass das Interview eine Möglichkeit ist, dich und deine Musik einem breiten Publikum zu präsentieren. Indem du ruhig und konzentriert bleibst, kannst du deine Botschaft effektiv vermitteln und einen bleibenden Eindruck hinterlassen.

Beantworte Fragen präzise: Höre aufmerksam zu und beantworte Fragen direkt und präzise. Vermeide es, vom Thema abzuschweifen oder zu lange Ausführungen zu machen. Konzentriere dich auf das Wesentliche und vermeide unnötige Details.

Nutze Storytelling: Erzähle Geschichten oder Anekdoten, die deine Musik oder deine Reise als Musiker veranschaulichen. Storytelling ist eine wie schon oben beschrieben eine effektive Möglichkeit, das Publikum zu fesseln und eine Verbindung herzustellen.

Sei dankbar und professionell: Bedanke dich bei den Interviewern und den Verantwortlichen der TV-Sendung für die Gelegenheit. Sei höflich und versiert, sowohl vor als auch nach dem Interview.

Diese Tipps sollen dir helfen, dich optimal auf ein TV-Interview vorzubereiten und einen positiven Eindruck zu hinterlassen. Bleibe authentisch, sei gut vorbereitet und zeige dein Talent und deine Persönlichkeit, um das Publikum zu begeistern.

5.3 Professionelles Medienmanagement

Professionelles Medienmanagement wird oft auch als "Medienagentur" oder "Medienmanagement-Agentur" bezeichnet. Diese Agenturen bieten professionelle Dienstleistungen im Bereich Medienstrategie, Öffentlichkeitsarbeit, PR, Marketing und Werbung an, um die Medienpräsenz und Markenbekanntheit ihrer Kunden zu steigern. Ein Medienmanagement als Newcomer-Musiker kann sich lohnen, wenn du es dir allein nicht zutraust oder keine Zeit dafür aufbringen möchtest oder hast. Bedenke jedoch, dass sich Qualität und Erfahrung im Medienmanagement oft im Preis widerspiegeln. Ein renommiertes und etabliertes Medienmanagement kann höhere Kosten verursachen. Es ist wichtig, ein angemessenes Budget einzuplanen und realistische Erwartungen zu haben.

Günstigere Optionen könnten möglicherweise weniger Erfahrung oder weniger umfassende Dienstleistungen bieten. Es ist entscheidend, die Kosten im Verhältnis zum potenziellen Nutzen und den langfristigen Zielen abzuwägen.

Es ist ratsam, sich mehrere Angebote und Kostenvoranschläge einzuholen, um eine fundierte Entscheidung zu treffen. Eine gründliche Recherche und das Einholen von Referenzen sind ebenfalls wichtig, um sicherzustellen, dass das gewählte Medienmanagement den eigenen Bedürfnissen und Zielen entspricht.

Letztendlich sollte das Preis-Leistungs-Verhältnis berücksichtigt werden, um ein Medienmanagement zu finden, das sowohl qualitativ hochwertige Dienstleistungen als auch ein angemessenes Preisniveau bietet.

Medienmanager können dir dabei jedoch sicher helfen, eine effektive PR-Strategie zu entwickeln, Pressekontakte aufzubauen, Medienauftritte zu organisieren und deine Online-Präsenz zu optimieren.

Die Kosten für ein Medienmanagement können wie schon beschrieben je nach Umfang der Dienstleistungen und dem Ruf der Agentur variieren. Es gibt Medienmanager, die auf die Musikbranche spezialisiert sind und unterschiedliche Preismodelle anbieten. Einige arbeiten auf Provisionsbasis, bei der sie einen Prozentsatz deiner Einnahmen erhalten, während andere eine feste monatliche Gebühr verlangen.

Es ist wichtig, vorher gründlich zu recherchieren, Referenzen einzuholen und Verträge sorgfältig zu prüfen, um sicherzustellen, dass die gewählte Medienagentur zu deinen Bedürfnissen und Zielen passt. Du solltest auch berücksichtigen, dass ein Medienmanagement nicht immer sofortige Erfolge garantiert und dass du als Künstler auch selbst aktiv an deinem Erfolg arbeiten musst.

Es kann auch möglich sein, zunächst selbst PR- und Medienaktivitäten mit den oben empfohlenen Tipps durchführen. Mit der Zeit und dem Wachstum deiner Karriere kannst du dann entscheiden, ob es sinnvoll ist, ein professionelles Medienmanagement einzubeziehen.

Die genauen Kosten und die Notwendigkeit eines Medienmanagements hängen von deinen individuellen Zielen, deinem Budget und deinem persönlichen Ansatz ab. Es ist ratsam, verschiedene Optionen zu erkunden und eine fundierte Entscheidung zu treffen, die zu deiner Situation passt.

Eine Möglichkeit, ein gutes Medienmanagement zu finden, besteht darin, auf anderen Musikerseiten nachzuschauen, die in der Medienlandschaft gut sichtbar sind. Schaue dir an, welche Künstler ähnliche Musikrichtungen oder Karrierewege haben und beobachte, welche Medienpräsenz sie haben. Suche nach Hinweisen auf das Medienmanagement, das sie nutzen, indem du ihre Social-Media-Profile, Websites oder Interviews studierst.

Eine weitere Möglichkeit ist, in der Musikindustrie nach Empfehlungen zu fragen. Sprich mit anderen Musikern, Managern, Agenten oder Branchenexperten und bitte um ihre Meinung oder Empfehlungen für Medienmanager. Sie könnten wertvolle Einblicke und Kontakte haben.

Nutze auch Online-Plattformen und Foren, die sich auf die Musikindustrie spezialisieren. Dort kannst du nach Bewertungen und Erfahrungen anderer Künstler mit Medienmanagern suchen. Achte auf positive Rückmeldungen, Erfolgsstories und den Ruf der Agentur.

Wichtig bei der Suche nach einem Medienmanagement ist, dass du klare Ziele und Erwartungen hast. Überlege, welche Art von Unterstützung du benötigst, ob es um Pressearbeit, Booking, Social-Media-Management oder umfassende PR-Strategien geht. Sprich mit potenziellen Medienmanagern und stelle sicher, dass sie deine Vorstellungen verstehen und die Erfahrung haben, um deine Karriere voranzubringen.

Ein guter Medienmanager sollte über fundierte Branchenkenntnisse verfügen, gute Kontakte zu Journalisten und Medien haben und in der Lage sein, maßgeschneiderte Strategien für deine spezifischen Ziele zu entwickeln. Eine offene Kommunikation, Vertrauen und eine positive Arbeitsbeziehung sind ebenfalls wichtig, da das Medienmanagement eng mit dir zusammenarbeiten wird, um deine Karriere voranzubringen.

Letztendlich ist es wichtig, verschiedene Optionen zu prüfen, Referenzen einzuholen, Verträge sorgfältig zu überprüfen und letztlich eine fundierte Entscheidung zu treffen, die zu deinen individuellen Bedürfnissen und Zielen passt. Ein gutes Medienmanagement kann den Unterschied machen, um deine Sichtbarkeit in den Medien zu steigern und deine Musikkarriere voranzubringen.

5.4. Storytelling

Ob du es mit der DIY-Methode machst oder dein Medienmanagement in professionelle Hände gibst, wichtig ist Storytelling. Als Newcomer-Musiker kannst du auf kreative Weise in die Medien kommen, indem du interessante Geschichten erzählst. Eine starke und fesselnde Erzählung kann die Aufmerksamkeit der Medien und des Publikums auf dich lenken. Hier sind einige Ansätze, um deine Geschichte zu erzählen:

Teile deine musikalische Reise und wie du zur Musik gekommen bist. Betone dabei deine Leidenschaft, Herausforderungen, die du überwunden hast, und Ziele, die du verfolgst. Inspirierende Geschichten über den Aufstieg von Künstlern ziehen oft die Aufmerksamkeit der Medien auf sich.

Erzähle die Geschichten hinter deinen Songs. Was hat dich dazu inspiriert? Teile Einblicke in den kreativen Prozess und wie du deine Songs zum Leben erweckst. Menschen lieben es, die Geschichte und Bedeutung hinter den Melodien und Texten zu erfahren.

Hebe deine lokale Verbindung hervor. Sprich über deine Heimatstadt, die lokale Musikszene und wie du dort deine ersten Schritte als Musiker gemacht hast. Lokale Medien sind oft daran interessiert, talentierte Künstler aus ihrer Region zu unterstützen.

Teile dein soziales Engagement. Wenn du dich für eine bestimmte Sache einsetzt, erzähle davon. Berichte, wie du deine Plattform nutzt, um positive Veränderungen zu bewirken. Solche Geschichten wecken das Interesse der Medien und zeigen dein Engagement.

Erzähle von persönlichen Herausforderungen, die du überwunden hast. Sprich über Rückschläge, Ängste oder Hindernisse und wie du trotzdem an deinem Traum festgehalten hast. Inspiriere andere mit deiner Geschichte und motiviere sie, es dir gleichzutun.

Das Teilen dieser Geschichten ist entscheidend, um Medien und Publikum anzusprechen. Nutze verschiedene Medienkanäle wie Interviews, Social Media, Blogbeiträge oder Podcasts, um deine Geschichten zu verbreiten. Authentizität, Offenheit und Ehrlichkeit sind dabei von großer Bedeutung. Sei mutig, deine einzigartige Geschichte zu erzählen und so eine Verbindung zu den Medien und deinem Publikum herzustellen.

Auch mit Humor kannst du viele Sympathiepunkte sammeln.

Hier sind 10 lustige Storytelling-Ideen für dich als Newcomer-Musiker:

1. Die unvergessliche Pannengeschichte: Erzähle von einer lustigen oder skurrilen Situation, die sich während eines deiner Auftritte ereignet hat. Lasse uns über die unerwarteten Wendungen und die humorvollen Momente lachen.
2. Der ungewöhnliche Bandname: Teile die Geschichte hinter dem unkonventionellen Namen deiner Band. Wie seid ihr auf die Idee gekommen? Welche amüsanten Diskussionen gab es dazu?
3. Die schrulligen Bandrituale: Berichte von den seltsamen oder witzigen Ritualen, die du und deine Bandmitglieder vor oder nach den Auftritten pflegen. Zeige den Spaß und die verrückten Seiten des Musikerlebens.
4. Die tierischen Bandmitglieder: Wenn du Haustiere hast, die immer bei den Proben oder Auftritten dabei sind, erzähle von ihren lustigen Eskapaden oder wie sie Teil der Bandfamilie geworden sind.
5. Die skurrilen Fans: Teile Geschichten von den unvergesslichen Begegnungen mit einigen der skurrilsten Fans, die du während deiner Karriere getroffen hast. Was haben sie getan, um ihre Begeisterung zu zeigen?
6. Die absurden Tour-Erlebnisse: Erzähle von den abenteuerlichen, aber auch skurrilen Erfahrungen auf Tour. Von seltsamen Schlafplätzen bis hin zu kuriosen Begegnungen unterwegs.

7. Die musikalischen Missgeschicke: Berichte von den unerwarteten Pannen, die während eines Auftritts passiert sind, wie zum Beispiel falsche Töne, vergessene Texte oder komische Bühnenunfälle. Zeige, dass auch solche Momente zum Musikerleben dazugehören.
8. Die verrückten Fanaktionen: Teile lustige Geschichten von den verrücktesten Fanaktionen, die du erlebt hast. Ob ausgefallene Geschenke oder witzige Fanartikel - erzähle von den skurrilen und liebevollen Gesten deiner Anhänger.
9. Die humorvolle Entstehungsgeschichte eines Songs: Beschreibe auf humorvolle Weise den Entstehungsprozess eines deiner Songs. Vielleicht gab es lustige Missverständnisse oder absurde Inspirationen, die zu einem unerwarteten Ergebnis führten.
10. Die lustigen Backstage-Momente: Erzähle von den witzigen Begegnungen und Ereignissen hinter den Kulissen. Von lustigen Streichen bis hin zu urkomischen Momenten, die du mit anderen Musikern oder Crewmitgliedern geteilt hast.

Diese lustigen Storytelling-Ideen sollen deine Follower zum Lachen bringen und dich als Newcomer-Musiker von einer humorvollen Seite zeigen. Nutze diese Gelegenheit, um die Leichtigkeit und den Spaß, den du in deine Musik und Auftritte einbringst, hervorzuheben.

5.5 Sponsoring

Eine weitere Möglichkeit, die Promotionsmöglichkeiten für deine Konzerte zu erweitern, besteht darin, Sponsoring-Partnerschaften mit lokalen Unternehmen einzugehen. Suche nach Unternehmen, die ein Interesse daran haben, mit dir zusammenzuarbeiten, und biete ihnen attraktive Möglichkeiten der Präsentation.

Denke daran, dass Sponsoring-Partnerschaften von Vorteil für beide Seiten sein sollten. Biete den Unternehmen eine Win-Win-Situation an, in der sie von der Zusammenarbeit mit dir profitieren und gleichzeitig deine Konzerte unterstützen können. Sei kreativ und suche nach Möglichkeiten, wie du gemeinsam mit den Sponsoren das Interesse der Menschen wecken und das Bewusstsein für deine Musik und Konzerte steigern kannst.

Logo-Platzierung: Biete an, das Logo des Sponsors auf deinem Poster, Flyer oder anderen Werbematerialien für das Konzert zu platzieren. Das erhöht die Sichtbarkeit des Sponsors und gibt ihm die Möglichkeit, sein Unternehmen oder seine Marke einem breiten Publikum zu präsentieren.

Bühnenbanner oder -hintergrund: Ermögliche es dem Sponsor, ein Banner mit seinem Logo oder Werbebotschaften auf der Bühne zu platzieren. Dadurch wird das Unternehmen während des gesamten Konzerts prominent präsentiert und von den Zuschauern wahrgenommen.

Produktplatzierung: Wenn der Sponsor ein physisches Produkt oder eine Dienstleistung anbietet, könntest du es in deine Show integrieren. Zum Beispiel könntest du während des Konzerts das Produkt verwenden oder darüber sprechen. Dies schafft eine direkte Verbindung zwischen der Marke des Sponsors und deiner Performance.

Social-Media-Promotion: Biete dem Sponsor an, seine Marke auf deinen Social-Media-Kanälen zu bewerben. Erwähne den Sponsor in deinen Posts, teile Links zu ihren Websites oder führe Gewinnspiele durch, bei denen die Teilnehmer auch den Sponsor folgen oder deren Beiträge teilen müssen. Dadurch erhält der Sponsor zusätzliche Online-Sichtbarkeit und Reichweite.

Markenintegration in Fan-Merchandise: Wenn du Merchandise-Produkte wie T-Shirts, Mützen oder Poster für deine Fans produzierst, könntest du dem Sponsor anbieten, sein Logo oder Slogan auf diesen Produkten zu platzieren. Dies ermöglicht dem Sponsor, seine Marke direkt mit deiner Musik und deiner Fangemeinschaft zu verbinden.

VIP-Tickets oder Meet-and-Greets: Als besonderes Angebot für den Sponsor könntest du VIP-Tickets oder Meet-and-Greet-Möglichkeiten anbieten. Das ermöglicht dem Sponsor, seine Kunden oder Mitarbeiter mit einem exklusiven Erlebnis zu belohnen und gleichzeitig deine Konzerte zu unterstützen.

Kooperation bei Veranstaltungen: Wenn der Sponsor selbst Events oder Aktionen organisiert, könntet ihr gemeinsam eine Kooperation eingehen. Zum Beispiel könntest du bei ihren Veranstaltungen auftreten und im Gegenzug könnten sie deine Konzerte bewerben oder andere Vorteile bieten.

Wie kannst du potenzielle Sponsoren für deine Konzerte finden?

Recherchiere in der lokalen Musikszene nach Unternehmen, die bereits in der Musikbranche aktiv sind oder mit Künstlern und Events zusammenarbeiten. Schaue dir an, welche Sponsoren bereits bei anderen Konzerten oder Festivals präsent waren, um potenzielle Partner zu identifizieren.

Netzwerke mit anderen Musikern und frage nach ihren Sponsoring-Erfahrungen. Gemeinsame Veranstaltungen oder Konzerte können auch die Möglichkeit bieten, potenzielle Sponsoren persönlich kennenzulernen.

Suche nach lokal ansässigen Unternehmen, die Interesse an einer Zusammenarbeit mit lokalen Künstlern haben könnten. Restaurants, Bars, Geschäfte oder lokale Medienunternehmen könnten mögliche Sponsoren sein, die von einer Partnerschaft mit einem aufstrebenden Musiker profitieren möchten.

Verwende Online-Plattformen und soziale Medien, um potenzielle Sponsoren zu identifizieren. Suche nach Unternehmen, die in deinem musikalischen Genre tätig sind oder eine ähnliche Zielgruppe ansprechen. Du kannst auch spezielle Plattformen nutzen, die Künstler mit potenziellen Sponsoren verbinden.

Teilnahme an Musik- und Künstlermessen oder Branchenevents, um mit Unternehmen und Sponsoren in Kontakt zu kommen. Diese Veranstaltungen bieten die Möglichkeit, persönliche Beziehungen aufzubauen und potenzielle Sponsoren von deinem Talent und deiner Leidenschaft zu überzeugen.

Nutze dein persönliches Netzwerk und frage Freunde, Familie oder Bekannte nach Kontakten zu potenziellen Sponsoren. Manchmal kann ein persönlicher Kontakt der Schlüssel zur Gewinnung eines Sponsors sein.

Denke daran, dass es wichtig ist, potenzielle Sponsoren individuell anzusprechen und ihre Interessen und Ziele zu berücksichtigen. Erstelle ein überzeugendes Sponsoring-Konzept, indem du klar aufzeigst, wie eine Partnerschaft auf beiden Seiten Vorteile bringt.

Hier ein paar Inputs für dich, ein Sponsoringkonzept auszuarbeiten:

Sponsoring-Künstler/ Musikprojekt

1. Zielsetzung:
    o   Steigerung der Bekanntheit des Musikers
    o   Aufbau einer loyalen Fanbase

   o Schaffung von Synergien mit relevanten Marken und Unternehmen

2. Zielgruppe:
   - Musikbegeisterte Menschen im Alter von 18-35 Jahren
   - Lokale Musikszene und potenzielle Fans des Genres

3. Sponsoring-Möglichkeiten:
   - Logo-Platzierung: Biete an, das Logo des Sponsors auf Merchandise-Produkten, Social-Media-Profilen, Websites und Werbematerialien zu platzieren.
   - Bühnenpräsenz: Ermögliche dem Sponsor, Banner oder Hintergründe auf der Bühne während Konzerten oder Festivals zu platzieren.
   - Social-Media-Promotion: Biete dem Sponsor an, regelmäßig über die Partnerschaft auf deinen Social-Media-Kanälen zu posten und deren Produkte oder Dienstleistungen zu bewerben.
   - Konzert-Tickets und VIP-Erlebnisse: Biete dem Sponsor die Möglichkeit, exklusive VIP-Tickets, Meet-and-Greet-Erlebnisse oder Backstage-Pässe anzubieten, um deren Kunden oder Mitarbeiter zu belohnen.
   - Kooperationen bei Veranstaltungen: Schließe Partnerschaften mit lokalen Unternehmen oder Veranstaltern, um gemeinsame Events zu organisieren und so das Publikum zu erweitern. Dadurch kannst du neue Zielgruppen ansprechen und deine Reichweite erhöhen.

- Produktintegration: Biete dem Sponsor die Möglichkeit, sein Produkt oder seine Dienstleistung während der Konzerte zu präsentieren, z.B. durch Giveaways oder Produktplatzierung.

4. Sponsoren-Akquise:
   - Recherche potenzieller Sponsoren in der Musikbranche und relevant
   - Persönlicher Kontakt zu Unternehmen und Präsentation des Sponsoring-Konzepts, um das Interesse zu wecken.
   - Aufbau eines Netzwerks mit lokalen Unternehmen, Künstleragenturen und Eventveranstaltern.
   - Nutzung von Online-Plattformen, sozialen Medien und Branchenveranstaltungen, um potenzielle Sponsoren zu identifizieren und anzusprechen.

5. Vorteile für den Sponsor:
   - Erhöhte Markenbekanntheit und Sichtbarkeit bei der Zielgruppe
   - Verbindung mit einem aufstrebenden musikalischen Talent und der lokalen Musikszene
   - Möglichkeit, neue Kunden zu gewinnen und bestehende Kundenbindung zu stärken
   - Zugang zu exklusiven Events und Zielgruppen-Engagement

6. Win-Win-Situation:
    o Betonung der gegenseitigen Vorteile und Schaffung einer langfristigen Partnerschaft
    o Regelmäßige Evaluierung der Zusammenarbeit und Anpassung des Sponsorings, um den Erfolg beider Seiten sicherzustellen
7. Budgetierung und Vertragsverhandlungen:
    o Festlegung eines angemessenen Budgets für das Sponsoring-Konzept
    o Verhandlung von Vertragsbedingungen, Leistungen und Gegenleistungen mit den potenziellen Sponsoren
    o Halte klare Rechte und Pflichten beider Parteien in einem Vertragsdokument fest. So schaffst du Transparenz und Vertrauen.
8. Erfolgsmessung:
    o Messe deinen Erfolg und erstelle regelmäßige Berichte über den Fortschritt.
    o Definiere messbare KPIs wie Social-Media-Reichweite, Ticketverkäufe und Medienpräsenz.
    o Analysiere die Daten, um Verbesserungspotenziale zu entdecken und deine Strategie anzupassen.

Ein gut durchdachtes Sponsoringkonzept eröffnet dir zahlreiche Möglichkeiten, um deine Musikkarriere voranzubringen. Gleichzeitig bietet es dem Sponsor die Chance, seine Marke zu stärken und neue Zielgruppen anzusprechen. Verfolge klare Ziele, suche gezielt nach Sponsoren und halte eine transparente

Kommunikation aufrecht. Evaluiere und verbessere die Zusammenarbeit kontinuierlich. Du hast das Potenzial, eine erfolgreiche Sponsoring-Partnerschaft aufzubauen und deine Musikkarriere auf die nächste Stufe zu heben. Nutze die Chancen, die sich bieten, und gestalte deine musikalische Zukunft aktiv mit.

Anbei habe ich dir eine Liste mit einigen Praxis-Beispielen zu potenziellen Sponsoringsparten & -möglichkeiten zusammengestellt. Diese Unternehmen könnten interessante Optionen bieten, um deine Karriere als Newcomer-Musiker voranzutreiben. Es lohnt sich also für dich, mit ihnen Kontakt aufzunehmen und das Potenzial einer Zusammenarbeit auszuloten.

1. XYZ Clothing unterstützt den Newcomer-Musiker bei seinen Konzerten, indem sie ihre Logo-Produkte wie T-Shirts und Caps zur Verfügung stellen, die von der Band während der Auftritte getragen werden.
2. Die ABC-Gitarrenmanufaktur sponsert den Newcomer-Gitarristen, indem sie ihm eine maßgeschneiderte Gitarre zur Verfügung stellt, die er bei seinen Auftritten spielt und bei Interviews präsentiert.
3. Das Unternehmen DEF Sound Systems stellt dem Newcomer-Musiker professionelle Audioausrüstung zur Verfügung um sicherzustellen, dass seine Konzerte eine optimale Klangqualität bieten und das Publikum begeistern.

4. Die Firma GHI Energy Drinks unterstützt den Newcomer-Musiker, indem sie kostenlose Getränke für seine Konzerte bereitstellt und gleichzeitig auf ihren Produkten für seine Auftritte wirbt.
5. Wohltätigkeitsorganisationen oder Stiftungen, die Künstler unterstützen möchten und eine gemeinsame Mission verfolgen.
6. Die XYZ Musikschule sponsert den Newcomer-Musiker, indem sie ihm kostenlose Unterrichtsstunden anbietet, um seine Fähigkeiten weiter zu verbessern und ihn bei seiner musikalischen Entwicklung zu unterstützen.
7. Das Unternehmen JKL Eventmanagement unterstützt den Newcomer-Musiker, indem es bei der Organisation und Durchführung seiner Konzerte und Auftritte hilft, um sicherzustellen, dass alles reibungslos abläuft und das Publikum begeistert wird.
8. Die MNO Druckerei sponsert den Newcomer-Musiker, indem sie für seine Konzerte Plakate und Flyer druckt und somit bei der Promotion und Verbreitung seiner Musik hilft.
9. Das Unternehmen PQR Medienproduktion unterstützt den Newcomer-Musiker, indem es hochwertige Musikvideos und professionelle Aufnahmen seiner Auftritte produziert, um seine Präsenz in den sozialen Medien zu stärken und seine Fangemeinde zu erweitern.
10. Die Firma STU Reiseagentur sponsert den Newcomer-Musiker, indem sie ihm Reisegutscheine oder Unterstützung bei der Planung und Buchung von

Tourneen und Auftritten bietet, um seine Reichweite zu erhöhen und neue Fans zu gewinnen.

11. Das Unternehmen VWX Autohaus sponsert den Newcomer-Musiker, indem es ihm einen exklusiven Tourbus zur Verfügung stellt, der mit seinem Logo und dem des Musikers gestaltet ist, um bei den Auftritten und Reisen des Musikers für Aufmerksamkeit zu sorgen.

Beachte jedoch, dass sich Sponsoringanfragen erst lohnen, wenn du über ein fertiges Produkt verfügst und eine gewisse Reichweite und Fangemeinde aufgebaut hast. Potenzielle Geldsponsoren sind eher bereit, in dich zu investieren, wenn du eine professionelle Präsenz hast, sei es in Form einer gut produzierten Musik, eines professionellen Imageauftritts oder einer signifikanten Anzahl von Followern auf Social-Media-Plattformen. Je solider dein Portfolio und deine Fangemeinde sind, desto attraktiver wirst du für potenzielle Sponsoren, die das Potenzial sehen, mit dir zusammenzuarbeiten und von deinem Erfolg zu profitieren. Es lohnt sich also, Zeit und Energie in den Aufbau deines Musikprojekts und deiner Online-Präsenz zu investieren, bevor du Sponsoringanfragen stellst.

Kapitel 6: Dein Konzert

6.1 Konzertvorbereitung

Eine gute Vorbereitung auf den Auftritt ist enorm wichtig: Übt regelmäßig eure Songs und bereitet euch mental darauf vor, eure Musik vor einem begeisterten Publikum zu präsentieren. Visualisiert dabei, wie ihr auf der Bühne steht und eure Musik performt. Stellt euch vor, wie das Publikum begeistert klatscht und ihr eine Zugabe geben müsst. Und nicht zuletzt: Habt Spaß! Wenn ihr selbst Freude an dem habt, was ihr tut, wird auch das Publikum mitgerissen werden. Lasst es krachen! Während des Auftritts gilt es, das Publikum mit Energie und Leidenschaft zu begeistern.

Übt es mutig zu sein und auf die Zuschauer zu zugehen. Auch kleine Anekdoten oder Geschichten zwischen den Songs können das Publikum näher an euch heranbringen. Aber vergesst nicht: Der wichtigste Faktor für einen erfolgreichen Auftritt ist eine gute Vorbereitung. Übt eure Songs, Eure Moderation & Show ausgiebig und plant den Ablauf des Auftritts im Detail durch.

Aber auch spontane Momente können für ein unvergessliches Konzerterlebnis sorgen. Wenn ihr als Band auftretet, ist es wichtig, dass ihr als Band zusammenhaltet und euch gegenseitig unterstützt.

Ein weiterer Schritt ist die Erstellung einer gut durchdachten Setliste. Diese sollte die besten Songs enthalten und eine gute Dynamik aufweisen. Dabei ist auch der Zeitrahmen des

Konzerts zu beachten, ebenso wie die Möglichkeit von Zugaben.

Neben der musikalischen Performance ist auch die Bühnenpräsenz von großer Bedeutung. Es ist ratsam, die Bühnenpräsenz und Performance in den Proben zu üben. Dabei sollte man selbstbewusst auftreten, Interaktionen mit dem Publikum planen und seine Leidenschaft für die Musik zeigen. Bewegungen und Gesten können eingeübt werden, um das Publikum mitzureißen.

Es ist empfehlenswert, vorab Fotografen für das erste Konzert zu engagieren. Professionelle Fotos dienen nicht nur als wertvolle Erinnerungsstücke, sondern können auch für die Promotion genutzt werden. Dabei kann man entweder einen offiziellen Fotografen engagieren oder Freunde bitten, während des Auftritts Fotos zu machen. In sozialen Medien, insbesondere in Facebook-Gruppen und ähnlichen Plattformen, besteht die Möglichkeit, Videografen oder Fotografen zu finden, die ihre Dienstleistungen kostenlos anbieten. Dies kann eine großartige Gelegenheit sein, um euer Portfolio zu erweitern und qualitativ hochwertiges visuelles Material zu erhalten. Oftmals sind es Studenten oder angehende Fachleute aus der visuellen Abteilung, die auf der Suche nach Projekten sind, um ihre Fähigkeiten zu verbessern und Erfahrungen zu sammeln. Durch solche Kooperationen könnt ihr von ihrem Talent und ihrer Kreativität profitieren und gleichzeitig ihnen die Möglichkeit geben, ihre Arbeit zu präsentieren und Kontakte in der Branche zu knüpfen. Es ist jedoch wichtig, klare

Vereinbarungen zu treffen und die Erwartungen beider Seiten zu kommunizieren, um sicherzustellen, dass die Zusammenarbeit für alle Beteiligten von Vorteil ist.

Die Erstellung einer Gästeliste ist eine Überlegung wert, um wichtige Personen wie Branchenkontakte, Journalisten oder Freunde (als Stimmungsanheizer) einzuladen.

Vor dem Konzert ist es wichtig, das technische Equipment zu überprüfen. Instrumente, Verstärker, Mikrofone und Kabel sollten überprüft und gegebenenfalls Ersatzteile und ein Notfall-Kit bereitgehalten werden, um eventuelle Probleme schnell beheben zu können.

Mit einer sorgfältigen Planung und Umsetzung dieser Schritte kann ein eigenes Konzert erfolgreich gestaltet werden.

Ein wichtiger Aspekt ist auch die Mobilität. Du oder deine Band braucht natürlich ein Fahrzeug mit dem ihr, Eure Instrumente und ggf. Eure Technik und Bühnenkleidung zum Veranstaltungsort befördert (im Idealfall gleich incl. Fahrer). Es lohnt sich, frühzeitig zu planen und das Fahrzeug rechtzeitig zu buchen oder auch zu kaufen. Denn es ist ärgerlich kurz vor dem Auftritt festzustellen, dass das Fahrzeug nicht verfügbar ist oder nicht genug Platz bietet. Auch die Sicherheit sollte hierbei eine große Rolle spielen, denn es geht schließlich um den Transport von wertvollem Equipment

6.2 Soundcheck

Wenn ihr dann am Veranstaltungsort angekommen seid, solltet ihr euch unbedingt Zeit nehmen für einen Soundcheck und kurzes(!) Proben auf der Bühne.

Vor einem Konzert ist es wichtig, den Soundcheck effizient zu nutzen, indem du nicht nur probst, sondern vor allem den Sound überprüfst. Hier sind einige Tipps, um das Beste aus dem Soundcheck herauszuholen:

Kommuniziere klar mit dem Tontechniker: Teile dem Tontechniker deine Klangvorstellungen mit und erläutere, wie du auf der Bühne klingen möchtest. Kläre eventuelle Fragen im Voraus, um Missverständnisse zu vermeiden.

Fokussiere dich auf den Klang: Nutze den Soundcheck, um sicherzustellen, dass alle Instrumente und Vocals gut ausgesteuert sind und sich harmonisch mischen. Überprüfe die Balance und das Gesamtklangbild, um sicherzustellen, dass jeder Ton gut zur Geltung kommt.

Teste die Bühnenmonitore: Achte darauf, dass du und die Bandmitglieder die Monitorboxen gut hören könnt, um sich während des Auftritts optimal abstimmen zu können. Stelle sicher, dass die Monitore entsprechend deinen Bedürfnissen eingestellt sind.

Probiere verschiedene Soundeinstellungen aus, sollte kein Tontechniker vor Ort sein. Experimentiere während des Soundchecks mit unterschiedlichen Einstellungen, um den besten Sound für jeden Song zu finden. Passe EQ, Hall oder andere Effekte an, um den gewünschten Klang zu erreichen. Achte auf die Balance zwischen den einzelnen Instrumenten und stelle sicher, dass sie gut miteinander harmonieren. Nutze den Soundcheck auch, um die Lautstärke anzupassen und sicherzustellen, dass jeder Ton klar und deutlich zu hören ist. Probiere verschiedene Soundeinstellungen aus und höre aufmerksam hin, um die bestmögliche Klangqualität zu erzielen. Ein gut abgestimmter Sound während des Konzerts trägt maßgeblich zur Zufriedenheit des Publikums bei und sorgt unter anderem für eine beeindruckende Live-Darbietung.

Nutze die Zeit effizient: Halte den Soundcheck strukturiert und konzentriere dich auf die wichtigsten Aspekte des Sounds. Vermeide unnötiges Proben von Songs.

Höre auf das Feedback der Bandmitglieder: Beteilige auch deine Bandkollegen oder Mitmusiker am Soundcheck. Lasse sie ihre Anliegen oder Wünsche äußern, um sicherzustellen, dass jeder zufrieden mit dem Klang ist.

Denke daran, dass der Soundcheck eine Möglichkeit ist, den Klang für das bevorstehende Konzert zu optimieren. Nutze die Zeit effektiv, um den Sound zu überprüfen und gegebenenfalls anzupassen. Indem du dich auf den Klang fokussierst und auf die Bedürfnisse der Band und des Tontechnikers eingehst, schaffst du die besten Voraussetzungen für ein gelungenes erstes Konzert.

Es ist ratsam, die eigentlichen Proben vor dem Konzert im Proberaum durchzuführen und nicht während des Soundchecks. Während des Soundchecks sollte der Fokus primär darauf liegen, den Klang und die technischen Aspekte zu überprüfen und anzupassen.

Im Proberaum hat man die Möglichkeit, in Ruhe an einzelnen Passagen zu arbeiten, den Sound individuell einzustellen und eventuelle Unsicherheiten auszumerzen. Die Probezeit sollte genutzt werden, um das Zusammenspiel zu verfeinern, Dynamik und Ausdruck zu trainieren, mögliche Schwachstellen zu verbessern sowie die Performance zu optimieren. Der Soundcheck hingegen dient dazu, die Probeergebnisse im Live-Kontext zu überprüfen und letzte Feinabstimmungen vorzunehmen. Durch die klare Trennung von Probe und Soundcheck maximiert man die Effizienz beider Prozesse und stellt sicher, dass sowohl musikalische als auch technische Aspekte optimal vorbereitet sind, um ein großartiges Konzerterlebnis zu bieten.

In vielen Locations ist eine Licht- & Tonanlage vor Ort. Fragt unbedingt nach, bevor ihr woanders etwas besorgt. Vielleicht wird euch sogar der hauseigene Techniker abmischen oder der Konzertveranstalter stellt einen Techniker, damit ein guter Sound garantiert ist. Ein Top Sound ist auch deshalb wichtig, da ihr bestimmt nicht nur ein tolles Konzerterlebnis schaffen wollt, sondern auch Videoaufnahmen als Life-Mitschnitt für zukünftige Werbung machen werdet. Hier kann der Techniker einen Mitschnitt des Tons organisieren, sollte der Raumklang nicht überzeugen. Auch der Applaus des Publikums sollte auf dem Werbevideo nicht zu leise sein und kann dementsprechend gepegelt werden.

Wenn für euer erstes Konzert keine PA- und Lichtanlage vor Ort verfügbar ist, habt ihr verschiedene Möglichkeiten, damit umzugehen. Eine Option ist es, eine PA- und Lichtanlage von einem lokalen Veranstaltungstechnik-Unternehmen zu mieten. Informiert euch im Voraus über die Preise und die Verfügbarkeit der Ausrüstung. Eine andere Möglichkeit ist es, in eurem Musiknetzwerk oder bei befreundeten Musikern nachzufragen, ob sie eine PA- und Lichtanlage besitzen und euch ausleihen können. Dies kann eine kostengünstige Alternative sein, insbesondere wenn ihr die Anlage nur für eine begrenzte Zeit benötigt. Eine weitere Alternative ist es, einen DJ mit einer eigenen Anlage zu buchen. DJs verfügen oft über eine professionelle PA- und Lichtanlage, die sie für Veranstaltungen mitbringen können. Dies kann eine praktische Lösung sein, insbesondere wenn ihr eine Party- oder Tanzveranstaltung plant.

Falls keine der oben genannten Optionen umsetzbar ist, könnt ihr auch ein akustisches Set in Betracht ziehen. Reduziert eure Songs auf das Wesentliche und konzentriert euch auf eine intime Darbietung ohne elektronische Verstärkung.

Notfalls, wenn keine der genannten Möglichkeiten verfügbar sind, könnt ihr auch improvisieren und mit vorhandenen Ressourcen arbeiten. Nutzt zum Beispiel mobile Bluetooth-

Lautsprecher oder kleine Verstärker, um den Sound zu verstärken. Achtet jedoch darauf, dass die Qualität des Sounds den Erwartungen des Publikums und der Akustik der Location gerecht wird.

Es ist wichtig, frühzeitig zu planen und die entsprechenden Optionen zu erkunden, um sicherzustellen, dass euer erstes Konzert ein gelungenes Ereignis wird. Denkt daran, die Details im Voraus zu klären und euch gegebenenfalls bei der Nutzung der Technik von Fachleuten unterstützen zu lassen, um einen reibungslosen Ablauf zu gewährleisten.

Insgesamt es also wichtig, sich gut auf den Auftritt vorzubereiten und alles durchzuplanen.

6.3 On stage – das Konzert

Geschafft! Zu guter Letzt: Genieße den Moment! Deine ersten Konzerte sind ein bedeutender Schritt in deiner musikalischen Reise. Nimm dir die Zeit, dies zu genießen und die Energie des Publikums aufzusaugen. Lass dich von der Begeisterung der Zuschauer mitreißen und gib dein Bestes auf der Bühne.

Während des Auftritts selbst gilt es dann natürlich zu überzeugen und das Publikum mitzureißen. Hier kommt es neben einer guten Performance auch auf eine ansprechende Bühnenshow an - Lichteffekte oder Pyrotechnik können dabei helfen, die Musik in Szene zu setzen. Und letztendlich darf man nie vergessen - Die Interaktion mit dem Publikum spielt eine wichtige Rolle!

Hier kommen auch dafür ein paar Tipps für Dich:

Zeige dich zugänglich: Kommuniziere mit dem Publikum, sei es durch Blickkontakt, Lächeln oder Gestikulation. Zeige, dass du die Anwesenheit und Unterstützung des Publikums schätzt und ihnen eine unvergessliche Erfahrung bieten möchtest.

Nutze den Raum: Bewege dich auf der Bühne und nutze den gesamten Raum, um eine dynamische Performance zu liefern. Gehe zum Rand der Bühne, interagiere mit den Zuschauern und schaffe eine Nähe und Verbundenheit. Zeige während des gesamten Auftritts deine Energie und Leidenschaft für die Musik. Übertrage deine Begeisterung auf das Publikum und motiviere sie zum Mitmachen.

Authentizität: Bleibe authentisch und sei du selbst. Das Publikum spürt, wenn du echt und aufrichtig bist, und das wird sie noch mehr in deine Musik eintauchen lassen.

Ermutige das Publikum, bei bestimmten Passagen deiner Songs mitzusingen, im Rhythmus zu klatschen oder zu schnipsen. Schaffe Momente, in denen die Zuschauer aktiv einbezogen werden können.

Stelle Fragen oder erzähle kleine Stories: Baue interessante Details in deine Moderation ein, die das Publikum unterhalten und einen persönlichen Bezug herstellen können. Frage sie zum Beispiel nach ihren Lieblingssongs oder teile interessante Hintergrundinformationen zu deinen Songs.

Ermutige zum Tanzen oder Bewegen: Schaffe eine energetische Atmosphäre und ermutige das Publikum, sich zu bewegen und zu tanzen. Gib klare Anweisungen, wie sie sich zum Rhythmus bewegen können oder lade sie auf die Tanzfläche ein.

Organisiere interaktive Spiele oder Challenges: Integriere interaktive Spiele oder Challenges in dein Konzert, bei denen das Publikum teilnehmen kann. Zum Beispiel könntest du sie auffordern, ein bestimmtes Geräusch oder eine bestimmte Geste zu machen, vielleicht mal nur die Damen oder die hinteren Reihen...spiele einfach mit deinem Publikum, es wird es dir danken!

Einbeziehung von Freiwilligen: Biete die Möglichkeit, dass Freiwillige aus dem Publikum auf die Bühne kommen und bei einem Song mitsingen oder ein Instrument spielen können. Das schafft eine besondere Verbindung und sorgt für eine einzigartige Erfahrung.

Reagiere auf Publikumsreaktionen: Gehe auf Reaktionen des Publikums ein, sei es auf positive Zwischenrufe, Applaus oder besondere Begeisterung. Zeige, dass du ihre Anwesenheit wahrnimmst und schätzt.

Mit diesen Tipps kannst du eine lebendige und interaktive Atmosphäre während deines Konzerts schaffen und das

Publikum aktiv einbinden. Es hilft dabei, eine starke Verbindung herzustellen und den Konzertabend für alle unvergesslich zu machen.

Schließlich solltest du auch die logistischen Aspekte nicht vernachlässigen. Erstelle einen detaillierten Zeitplan für den Tag des Konzerts, inklusive Aufbauzeiten, Soundchecks, Proben und Einlasszeiten. Koordiniere mit dem Veranstaltungsort, um sicherzustellen, dass alle technischen Anforderungen erfüllt sind und genügend Personal für Sicherheit und Organisation vorhanden ist.

Die Organisation eines Konzerts erfordert Zeit, Engagement und Teamarbeit. Es ist wichtig, dass du mit Leidenschaft und Professionalität an die Sache herangehst. Sei offen für Feedback und Verbesserungsvorschläge, um zukünftige Konzerte noch besser zu machen.

Wenn ihr all diese Tipps befolgt, steht einem unvergesslichen Konzert nichts mehr im Wege! Also rockt die Bühne und zeigt dem Publikum, was in euch steckt!

Nach dem Konzert solltest du Feedback einholen. Sprich mit den Zuschauern, Freunden und Familienmitgliedern, um ihre Eindrücke zu erfahren. Nutze konstruktive Kritik, um dich weiterzuentwickeln und deine zukünftigen Auftritte zu verbessern.

Denke daran, dass dein erster Auftritt nur der Anfang ist. Nutze die Erfahrungen und Erkenntnisse, die du während der Vorbereitung und des Konzertes gewonnen hast, um kontinuierlich an deiner Musik und Performance zu arbeiten. Plane weitere Auftritte, erweitere dein Repertoire und arbeite stetig an deinem individuellen Stil.

Konzerte sind eine einzigartige Gelegenheit, um deine Musik mit anderen Menschen zu teilen und eine Verbindung aufzubauen. Nutze diese Chance, um dein Publikum zu inspirieren und deine Leidenschaft für die Musik zu teilen. Mit der richtigen Vorbereitung, Hingabe und einer Prise Selbstvertrauen wirst du auf der Bühne strahlen und deine Ziele als Musiker oder Band erreichen.

Also schnapp dir dein Instrument, mach deine Stimme fit und sei bereit, das Publikum mit deinem ersten Konzert zu begeistern. Viel Erfolg und rocke die Bühne!

Nach dem Konzert hast du die ideale Möglichkeit, dein Networking auszubauen und wertvolle Kontakte zu knüpfen. Sei offen und zugänglich gegenüber den Zuschauern, die nach dem Auftritt auf dich zukommen. Bedanke dich für ihr Kommen und zeige Interesse an ihren Eindrücken und Meinungen zu deiner Musik.

Wenn du mit jemandem ins Gespräch kommst, der für deine Musikkarriere relevant sein könnte, tausche Kontaktdaten aus. Das kann beispielsweise durch die Weitergabe von Visitenkarten, Flyern oder einer einfachen Notiz mit Namen und E-Mail-Adresse geschehen.

Nutze auch die Möglichkeiten der sozialen Medien, um dich mit den Menschen, die du kennengelernt hast, zu vernetzen.

Verbinde dich auf Plattformen wie Facebook, Instagram oder LinkedIn, um langfristig in Kontakt zu bleiben und weitere Gespräche oder Kooperationen anzubahnen.

Sende nach dem Konzert personalisierte Dankesnachrichten an die Personen, die du getroffen hast. Zeige deine Wertschätzung für ihr Interesse und die Zeit, die sie für dich und dein Konzert investiert haben.

Besuche auch andere Konzerte und Events, um neue Kontakte zu knüpfen. Treffe andere Musiker und engagiere dich aktiv in der lokalen Musikszene. Das erweitert dein Netzwerk und schafft weitere Möglichkeiten.

Sei authentisch und interessiert an den Menschen, mit denen du sprichst. Stelle Fragen, höre aufmerksam zu und teile auch etwas über dich und deine Musik. Ein ehrliches und authentisches Auftreten bleibt bei anderen positiv in Erinnerung.

Vergiss nicht, die Kontakte, die du geknüpft hast, im Nachhinein zu pflegen. Sende kurze Nachrichten oder E-Mails, um den Kontakt aufrechtzuerhalten und mögliche zukünftige Kooperationen zu besprechen.

Networking ist eine wichtige Möglichkeit, deine Karriere voranzubringen. Nutze daher jede Gelegenheit, um neue Kontakte zu knüpfen und Beziehungen aufzubauen.

Nach dem Konzert sollten allerdings noch einige andere Dinge erledigt werden: Abbau der Technik sowie Verpacken von Instrumenten und Equipment gehören dazu. Außerdem könnt ihr Merchandise-Produkte anbieten oder Autogramme geben – je nachdem wie bekannt Ihr seid. Insgesamt gibt es also einiges bei einem Live-Auftritt als Musiker oder Bandmitglied zu beachten - aber wenn alles gut geplant wird, kann es ein unvergessliches Erlebnis für euch selbst sowie für das Publikum sein!

Mit der richtigen Planung, Promotion und Umsetzung kannst du ein erfolgreiches erstes Konzert organisieren und die Grundlage für eine vielversprechende musikalische Karriere legen.

Kapitel 7: Von der Planung zur Performance

Die Kunst der Zeitplanung – Wie eine durchdachte Zeiteinteilung zum Erfolg führt

Das Wichtigste zum Schluss: Die Kunst der Zeitplanung ist ein entscheidender Faktor für deinen Erfolg als Musiker bei der Umsetzung deiner Marketingstrategien für Livekonzerte und Sichtbarkeit. Ein gut durchdachter Zeitplan ermöglicht es dir, deine Ressourcen optimal zu nutzen, effektive Maßnahmen zu ergreifen und deine Karriere Schritt für Schritt aufzubauen. In diesem Artikel werde ich die Bedeutung einer sorgfältigen Zeiteinteilung auf verschiedenen Ebenen - vom täglichen Zeitmanagement bis hin zur jährlichen Planung - beleuchten. Du bekommst praktische Tipps und Ratschläge, um dir zu helfen, deine Marketingbemühungen zu strukturieren und dich oder dein Projekt erfolgreich zu vermarkten. Die Kunst der Zeitplanung erfordert Disziplin, Flexibilität und eine klare Vision deiner Ziele. Indem du deine Zeit effektiv nutzt und Prioritäten setzt, kannst du deine Karriere vorantreiben und auf der Bühne glänzen. Die richtige Zeitplanung ist der Schlüssel, um dein Potenzial zu entfalten und erfolgreich im Musikgeschäft zu werden.

Eine gute Zeitplanung ermöglicht es dir, deine Ressourcen optimal zu nutzen, deine Ziele zu erreichen und das musikalische Potenzial voll auszuschöpfen.

1. Tägliche Zeitplanung:

   o Setze klare Ziele für jeden Tag. Definiere die wichtigsten Aufgaben und Aktivitäten, die du erledigen möchtest, um deine Marketingstrategien für Livekonzerte voranzutreiben.

   o Priorisiere deine Aufgaben. Identifiziere die dringendsten und wichtigsten Aufgaben und bearbeite sie zuerst.

   o Schaffe feste Zeiten für verschiedene Aktivitäten wie Songwriting, Social-Media-Management, E-Mail-Kommunikation und Proben. Diszipliniere dich, um diesen Zeitplan einzuhalten.

2. Wöchentliche Zeitplanung:

   o Nimm dir Zeit, um deine Woche im Voraus zu planen. Identifiziere die konkreten Schritte, die du unternehmen musst, um deine Marketingziele für Livekonzerte zu erreichen.

   o Berücksichtige Aufgaben wie die Buchung von Auftritten, das Erstellen und Veröffentlichen von Inhalten auf Social Media, das Networking mit anderen Musikern und die Vorbereitung von Live-Auftritten.

   o Plane auch Zeit für kreative Pausen und Erholung ein, um ein gesundes Gleichgewicht zwischen Arbeit und Freizeit zu finden.

3. Monatliche Zeitplanung:

   o Definiere klare Ziele für den Monat. Überlege, welche Livekonzerte du buchen möchtest, welche Songs oder Alben du veröffentlichen möchtest und welche spezifischen Marketingaktionen du durchführen möchtest.

   o Plane die Umsetzung deiner Marketingstrategien für Livekonzerte im Detail. Lege fest, welche Schritte du unternehmen musst, um diese Ziele zu erreichen, und weise ihnen konkrete Termine zu.

   o Berücksichtige auch finanzielle Aspekte wie das Budget für Werbung oder die Investition in professionelle Aufnahmen oder Promotion.

4. Jährliche Zeitplanung:

   o Nimm dir Zeit für eine umfassende Jahresplanung. Setze langfristige Ziele und identifiziere Meilensteine, die du erreichen möchtest.

   o Berücksichtige wichtige Ereignisse und Musikveranstaltungen, bei denen du auftreten möchtest. Plane im Voraus, um genügend Zeit für Vorbereitungen und Bewerbung zu haben.

   o Evaluieren und überarbeiten deinen Plan regelmäßig. Passe ihn an sich ändernde Umstände und neue Chancen an.

Eine effektive Zeitplanung ist unerlässlich, um langfristig erfolgreich zu sein. Hier sind einige zusätzliche Tipps, um deine Zeitplanung als aufstrebender Musiker oder als Band optimal zu gestalten:

Flexibilität bewahren: Sei bereit, deinen Zeitplan anzupassen, wenn unerwartete Gelegenheiten oder Herausforderungen auftreten. Bleibe flexibel und finde Wege, um deine Prioritäten neu zu ordnen, ohne den Fokus auf deine Marketingziele zu verlieren.

Delegieren und Outsourcing: Erkenne, dass du nicht alles allein bewältigen musst. Suche nach Möglichkeiten, Aufgaben oder Aspekte deines Marketings an andere Fachleute oder Teammitglieder auszulagern, um Zeit zu sparen und dich auf deine Stärken zu konzentrieren.

Effiziente Nutzung von Tools und Technologie: Nutze technologische Hilfsmittel wie Projektmanagement-Software, Social-Media-Planungstools oder Musikveröffentlichungsplattformen, um deine Zeit besser zu organisieren und Aufgaben effizienter zu erledigen.

Kontinuierliche Weiterentwicklung: Nimm dir regelmäßig Zeit, um deine Zeitplanung zu evaluieren und zu verbessern. Reflektiere über deine Erfahrungen, identifiziere Bereiche, die optimiert werden können, und lerne aus Fehlern, um zukünftige Planungen zu optimieren.

Selbstfürsorge nicht vernachlässigen: Plane bewusst Zeit für Erholung, Schlaf, körperliche Aktivitäten und andere Hobbys ein, um ein gesundes Gleichgewicht zu erreichen. Eine gute Selbstfürsorge stärkt deine Energie und Kreativität, was sich positiv auf deine Marketingbemühungen auswirken kann.

Indem du deine Zeit sorgfältig planst und organisierst, legst du das Fundament für den Erfolg deiner Marketingstrategien für Livekonzerte. Bleibe fokussiert, flexibel und lerne, deine Zeit effektiv zu nutzen, um als Newcomer-Musiker in der Musikbranche aufzublühen. Rocke die Bühne und erreiche deine Ziele durch eine durchdachte Zeitplanung!

Kapitel 8: Kleine Helferlein – große Wirkung

Tools und Technologie: Effektive Helfer für die Vermarktung von Livekonzerten

Ein wesentlicher Teil der erfolgreichen Vermarktung von Livekonzerten für Newcomer-Musiker liegt in der Nutzung von Tools und Technologie, die ihnen helfen, ihre Marketingstrategien effizient umzusetzen. In diesem Artikel werde ich verschiedene technologische Hilfsmittel vorstellen, die Newcomer-Musikern dabei helfen, ihre Livekonzerte optimal zu vermarkten. Hier sind einige konkrete Beispiele:

Projektmanagement-Software

- o Trello: Eine beliebte Projektmanagement-Plattform, die es dir ermöglicht, Aufgaben, Deadlines und Ressourcen zu organisieren. Du kannst verschiedene Boards erstellen, um deine Marketingaktivitäten für Livekonzerte zu planen und den Fortschritt im Auge zu behalten.
- o Asana: Eine vielseitige Projektmanagement-Software, mit der du Aufgaben zuweisen, Fristen setzen und den Projektfortschritt verfolgen kannst. Du kannst auch Teammitglieder einbinden und die Zusammenarbeit verbessern.

Social-Media-Planungstools

Social-Media-Planungstools sind unverzichtbare Helfer für Musiker, um ihre Livekonzerte effektiv zu vermarkten und ihre Reichweite auf verschiedenen Social-Media-Plattformen zu maximieren. Hier sind fünf beliebte Tools, die Musiker dabei unterstützen:

1. Hootsuite: Hootsuite ist eine bekannte Plattform, die es Musikern ermöglicht, Beiträge auf verschiedenen Social-Media-Plattformen wie Facebook, Instagram und Twitter im Voraus zu planen und zu veröffentlichen. Mit Hootsuite kannst du deine Inhalte zeitlich abstimmen und den optimalen Zeitpunkt für die Veröffentlichung bestimmen. Dies erleichtert die regelmäßige und konsistente Interaktion mit deinem Publikum. Durch das gezielte Planen und Veröffentlichen von Beiträgen kannst du sicherstellen, dass du immer präsent bist und deine Follower informierst, ohne dass du täglich manuell posten musst. Darüber hinaus bietet Hootsuite auch Funktionen zur Überwachung von Mentions und Interaktionen, mit denen du den Erfolg deiner Social-Media-Kampagnen verfolgen und deine Strategie entsprechend anpassen kannst.

2. Buffer: Buffer ist ein weiteres leistungsstarkes Social-Media-Planungstool, das von Musikern genutzt werden kann. Es ermöglicht dir, Inhalte auf verschiedenen Social-Media-Kanälen zu planen, zu

analysieren und zu teilen. Buffer zeichnet sich durch seine benutzerfreundliche Oberfläche und seine Vielseitigkeit aus. Du kannst deine Beiträge schnell und einfach planen und die verschiedenen Plattformen nahtlos verwalten. Ein besonderes Merkmal von Buffer ist die Möglichkeit, den Erfolg deiner Beiträge zu verfolgen. Du kannst die Leistung deiner Inhalte analysieren, sehen, welche Beiträge das meiste Engagement erhalten haben, und diese Erkenntnisse nutzen, um deine zukünftigen Inhalte zu optimieren. Buffer bietet auch Funktionen wie das Kürzen von Links und das Hinzufügen von Bildern, um deine Social-Media-Beiträge noch ansprechender zu gestalten.

3. Sprout Social: Sprout Social bietet eine umfassende Suite von Tools für das Social-Media-Management. Mit diesem Tool kannst du Beiträge auf verschiedenen Plattformen planen, Inhalte veröffentlichen, Interaktionen verwalten und deine Social-Media-Strategie analysieren. Es bietet auch Funktionen zur Überwachung von Keywords und Mentions, um relevante Gespräche über deine Musik und deine Livekonzerte zu verfolgen.

4. Later: Later ist ein beliebtes Social-Media-Planungstool, das sich auf visuelle Plattformen wie Instagram spezialisiert hat. Es ermöglicht dir das Planen und Veröffentlichen von Beiträgen, das Verwalten von Hashtags und das Überwachen von

Kommentaren und Mentions. Mit Later kannst du einen ansprechenden und durchdachten Instagram-Feed erstellen und deine Livekonzerte visuell ansprechend präsentieren.

5. CoSchedule: CoSchedule ist ein All-in-One-Marketingkalender und Social-Media-Planungstool. Es ermöglicht dir, Beiträge auf verschiedenen Plattformen zu planen, deine Inhalte zu organisieren und deine gesamte Marketingstrategie zu koordinieren. CoSchedule bietet auch Funktionen zur Teamkollaboration, so dass du mit anderen Musikern, Managern oder Marketingexperten zusammenarbeiten und deine Livekonzerte effektiv bewerben kannst.

Diese Tools erweitern deine Möglichkeiten, deine Social-Media-Kanäle zu verwalten und deine Marketingstrategien zu optimieren. Jedes Tool hat seine eigenen Funktionen und Stärken. Daher ist es ratsam, diejenigen auszuwählen, die am besten zu deinen Bedürfnissen und Zielen passen. Indem du auf Social-Media-Planungstools zurückgreifst, kannst du deine Vermarktungsbemühungen effizienter gestalten, deine Reichweite erhöhen und eine engagierte Fangemeinschaft aufbauen, die deine Livekonzerte unterstützt.

Musikveröffentlichungsplattformen

Musikveröffentlichungsplattformen spielen eine entscheidende Rolle für Newcomer-Musiker, um ihre Musik einem breiten Publikum zugänglich zu machen. Hier sind einige Plattformen, die du nutzen kannst:

DistroKid: Eine beliebte Plattform, die es dir ermöglicht, deine Musik auf verschiedenen Streaming-Diensten wie Spotify, Apple Music und Amazon Music zu veröffentlichen. Du kannst deine Veröffentlichungen selbst verwalten und behältst die Kontrolle über deine Musikrechte.

CD Baby: Eine umfassende Plattform, die es dir ermöglicht, deine Musik nicht nur auf Streaming-Diensten zu veröffentlichen, sondern auch auf physischen Medien wie CDs und Vinyl. CD Baby bietet auch Vertriebsdienste, um deine Musik in Online-Shops und auf anderen Plattformen verfügbar zu machen.

TuneCore ist eine bekannte Musikveröffentlichungsplattform, die es Musikern ermöglicht, ihre Musik auf beliebten Streaming-Plattformen wie Spotify, Apple Music, Deezer und vielen anderen zu veröffentlichen. Die Plattform bietet eine einfache und transparente Abrechnung, sodass du die Kontrolle über deine Einnahmen behältst. TuneCore bietet auch zusätzliche Dienstleistungen wie Musikverteilung auf YouTube, Monetarisierung von Musikvideos und Publishing-Services.

Amuse ist eine kostenlose Musikveröffentlichungsplattform, die es Musikern ermöglicht, ihre Musik auf Spotify, Apple Music, Deezer und anderen Streaming-Diensten zu veröffentlichen. Die Plattform bietet fortschrittliche Analysefunktionen, mit denen du den Erfolg deiner Veröffentlichungen verfolgen und dein Publikum besser verstehen kannst. Amuse bietet auch die Möglichkeit, Teammitglieder einzuladen und gemeinsam an der Musikvermarktung zu arbeiten.

SoundCloud ist eine beliebte Plattform für Musiker, um ihre Musik hochzuladen und mit der Welt zu teilen. Neben der Veröffentlichung deiner Musik kannst du auf SoundCloud auch mit anderen Musikern und Fans interagieren. SoundCloud ermöglicht es dir, Playlists zu erstellen, deine Tracks zu teilen und Feedback von der Community zu erhalten. Die Plattform bietet auch Statistiken, um den Erfolg deiner Musik zu verfolgen und die Reichweite deiner Songs zu steigern.

Die Nutzung dieser Musikveröffentlichungsplattformen gibt dir die Möglichkeit, deine Musik weltweit zu verbreiten und neue Hörer zu gewinnen. Sie bieten eine bequeme und effektive Möglichkeit, deine Musik selbstständig zu veröffentlichen und den Vertrieb zu kontrollieren. Indem du diese Tools und Technologien gezielt einsetzt, kannst du deine Musikkarriere vorantreiben und deine Chancen auf erfolgreiche Livekonzerte erhöhen.

Analyse-Tools

Auch Analyse-Tools wie Google Analytics, Mixpanel, Adobe Analytics und Hotjar helfen dir dabei, den Erfolg deiner Marketingbemühungen zu messen und Erkenntnisse über deine Zielgruppe zu gewinnen. Sie ermöglichen es dir, das Verhalten deines Publikums, den Traffic auf deiner Website, die Conversion-Raten und andere wichtige Metriken zu verfolgen.

Ticketing

Wie auch schon erwähnt, können Ticketing-Plattformen wie Eventbrite, Ticketmaster, Songkick und Bandsintown die Verwaltung des Ticketverkaufs für deine Livekonzerte vereinfachen und gleichzeitig deine Reichweite erweitern. Diese Plattformen bieten Funktionen zur Erstellung von Veranstaltungsseiten, zur Einrichtung von Ticketkategorien und -preisen sowie zur Integration von Rabattcodes und Werbeaktionen.

E-Mail-Marketing-Tools

E-Mail-Marketing-Tools wie Mailchimp, ConvertKit und Constant Contact ermöglichen es dir, mit deinem Publikum in Kontakt zu bleiben und Ankündigungen über kommende Livekonzerte zu machen. Du kannst personalisierte E-Mails senden, exklusive Inhalte teilen und sogar den Ticketverkauf fördern.

Live-Streaming

Des Weiteren bieten Live-Streaming-Plattformen wie YouTube, Facebook Live, Twitch. Vimeo und Instagram Live Musikern die Möglichkeit, ihre Livekonzerte auch online zu präsentieren und ein breiteres Publikum zu erreichen. Indem du deine Live-Streams über diese Plattformen teilst, kannst du die Sichtbarkeit deiner Livekonzerte steigern und mehr Menschen ansprechen.

Die Nutzung dieser Tools und Technologien ermöglicht es dir, deine Marketingstrategien für Livekonzerte zu optimieren und den Erfolg deiner Bemühungen zu maximieren. Indem du sie gezielt einsetzt, kannst du eine engagierte Fangemeinschaft aufbauen, den Ticketverkauf steigern und deine Präsenz in der Musikindustrie stärken. Die Auswahl der passenden Tools hängt von den individuellen Bedürfnissen und Zielen jedes Musikers ab. Es ist ratsam, auf dem Laufenden zu bleiben und neue Tools zu erkunden, um die eigene Vermarktungsstrategie stets weiterzuentwickeln und erfolgreich zu sein. Diese Tools und Technologien sind nur einige Beispiele für die vielfältigen Möglichkeiten, die Musikern zur Verfügung stehen, um das Livemanagement zeitoptimiert und erfolgsversprechend zu gestalten.

Schlusswort

In diesem Buch habe ich mich auf effektive Marketingstrategien für Newcomer-Musiker konzentriert, um den Weg zum Erfolg zu ebnen und die Bühne zu rocken. Ich habe detaillierte Einblicke in die verschiedenen Aspekte des Musikmarketings gegeben, angefangen bei der Entwicklung einer starken Markenidentität bis hin zur Nutzung von Online-Plattformen und Social Media zur Steigerung der Bekanntheit. Ich habe die Bedeutung von qualitativ hochwertiger Musik und professionellen Aufnahmen betont, um einen bleibenden Eindruck bei den Zuhörern zu hinterlassen. Darüber hinaus habe ich praktische Tipps zur effektiven Nutzung von Streaming-Plattformen, zur Vermarktung von Musikvideos und zur Nutzung von Live-Auftritten gegeben, um eine engagierte Fanbase aufzubauen. Ich habe auch die Bedeutung des lokalen Networkings hervorgehoben, um Auftrittsmöglichkeiten zu generieren und Beziehungen zu anderen Musikern, Veranstaltern und Medien aufzubauen. Abschließend habe ich betont, dass kontinuierliche Anstrengungen, die Analyse der Marketingstrategien und das Festhalten an den Zielen unerlässlich sind, um im Musikgeschäft langfristig erfolgreich zu sein. Dieses Buch dient als umfassender Leitfaden für Newcomer-Musiker, um ihre Marketingstrategien zu optimieren und ihre Karriere auf die nächste Stufe zu heben. Mit den in diesem Buch vermittelten Kenntnissen und Strategien können Newcomer-Musiker ihre Träume verwirklichen und die Bühne erobern.

Danksagung und Inspiration

Ich möchte mich von Herzen bei allen bedanken, die mich während der Entstehung dieses Buches unterstützt haben. Eure kleinen und großen Hinweise, eure interessanten und endlosen Diskussionen sowie eure bedeutsamen Inputs waren von unschätzbarem Wert und haben maßgeblich dazu beigetragen, dass dieses Buch überhaupt zustande gekommen ist. Ich bin zutiefst dankbar für die vielen schönen, lustigen und einmaligen Erinnerungen, die mich während des Schreibens begleitet haben.

Ein besonderer Dank gebührt unseren Töchtern, die eine große Inspiration waren, dieses Buch überhaupt zu schreiben. Auch sie wurden vom Bühnenfieber und der Leidenschaft zur Musik und zum Schauspiel gepackt. Nach zahlreichen Gesprächen über ihre Zukunft, in denen wir Fragen wie "wie", "was", "warum" und "wann" beantworten sollten, habe ich mich entschlossen, diesen Ratgeber zu schreiben. Mein Ziel ist es, nicht nur unseren Töchtern, sondern auch anderen Hobbymusikern, Studierenden in der Findungsphase oder auch Profimusikern, die gerade an einem Punkt feststecken, Hilfe und einen roten Faden zu bieten, um ihren Traum zu leben.

Ich möchte außerdem all jenen danken, die mich auf meinem Weg unterstützt haben, sei es durch ermutigende Worte, moralische Unterstützung oder durch ihre Expertise und ihr Fachwissen. Ohne euch alle wäre dieses Buch nicht möglich gewesen.

Ich hoffe, dass dieses Buch euch Inspiration, praktische Tipps und Motivation liefert, um eure musikalische Reise erfolgreich fortzusetzen. Von Herzen danke ich euch dafür, dass ihr Teil dieser Reise seid und mir die Möglichkeit gebt, diese Leidenschaft mit euch zu teilen.

Mit musikalischen Grüßen

 Linn

Impressum

Verfasser und Herausgeber: Linn Gutzeit

Verlagsangaben:

BoD Books on Demand GmbH
In de Tarpen 42
22848 Norderstedt
Deutschland

Haftungshinweis:

Trotz sorgfältiger inhaltlicher Kontrolle übernehme ich keine Haftung für die Inhalte externer Links. Für den Inhalt der verlinkten Seiten sind ausschließlich deren Betreiber verantwortlich.

Urheberrecht:

Datenschutz:

Wir nehmen den Schutz ihrer persönlichen Daten ernst. Alle personenbezogenen Daten, die im Rahmen des Bestellprozesses für dieses Taschenbuch erfasst werden, werden vertraulich behandelt und nur zur Abwicklung ihrer Bestellung verwendet. eine Weitergabe ihrer Daten an Dritte erfolgt nicht, es sei denn, dies ist zur Erfüllung des Bestellprozesses erforderlich. Nach Abschluss der Bestellung werden ihre Daten gelöscht, sofern keine gesetzlichen Aufbewahrungsfristen bestehen.